中华精神家园

古建之魂

千古祭庙

历代帝王庙与名臣庙

肖东发 主编　方士华 编著

中国出版集团

现代出版社

图书在版编目（CIP）数据

千古祭庙 / 方士华编著. — 北京：现代出版社，
2014.9（2019.1重印）
ISBN 978-7-5143-2520-1

Ⅰ．①千… Ⅱ．①方… Ⅲ．①祠堂－介绍－中国②寺
庙－介绍－中国 Ⅳ．①K928.75

中国版本图书馆CIP数据核字（2014）第217273号

千古祭庙：历代帝王庙与名臣庙

主	编：	肖东发
作	者：	方士华
责任编辑：		王敬一
出版发行：		现代出版社
通信地址：		北京市定安门外安华里504号
邮政编码：		100011
电	话：	010-64267325 64245264（传真）
网	址：	www.1980xd.com
电子邮箱：		xiandai@cnpitc.com.cn
印	刷：	三河市华晨印务有限公司
开	本：	710mm×1000mm 1/16
印	张：	10
版	次：	2015年4月第1版 2021年3月第4次印刷
书	号：	ISBN 978-7-5143-2520-1
定	价：	29.80元

　　党的十八大报告指出："文化是民族的血脉，是人民的精神家园。全面建成小康社会，实现中华民族伟大复兴，必须推动社会主义文化大发展大繁荣，兴起社会主义文化建设新高潮，提高国家文化软实力，发挥文化引领风尚、教育人民、服务社会、推动发展的作用。"

　　我国经过改革开放的历程，推进了民族振兴、国家富强、人民幸福的中国梦，推进了伟大复兴的历史进程。文化是立国之根，实现中国梦也是我国文化实现伟大复兴的过程，并最终体现为文化的发展繁荣。习近平指出，博大精深的中国优秀传统文化是我们在世界文化激荡中站稳脚跟的根基。中华文化源远流长，积淀着中华民族最深层的精神追求，代表着中华民族独特的精神标识，为中华民族生生不息、发展壮大提供了丰厚滋养。我们要认识中华文化的独特创造、价值理念、鲜明特色，增强文化自信和价值自信。

　　如今，我们正处在改革开放攻坚和经济发展的转型时期，面对世界各国形形色色的文化现象，面对各种眼花缭乱的现代传媒，我们要坚持文化自信，古为今用、洋为中用、推陈出新，有鉴别地加以对待，有扬弃地予以继承，传承和升华中华优秀传统文化，发展中国特色社会主义文化，增强国家文化软实力。

　　浩浩历史长河，熊熊文明薪火，中华文化源远流长，滚滚黄河、滔滔长江，是最直接的源头，这两大文化浪涛经过千百年冲刷洗礼和不断交流、融合以及沉淀，最终形成了求同存异、兼收并蓄的辉煌灿烂的中华文明，也是世界上唯一绵延不绝而从没中断的古老文化，并始终充满了生机与活力。

　　中华文化曾是东方文化摇篮，也是推动世界文明不断前行的动力之一。早在500年前，中华文化的四大发明催生了欧洲文艺复兴运动和地理大发现。中国四大发明先后传到西方，对于促进西方工业社会的形成和发展，曾起到了重要作用。

　　中华文化的力量，已经深深熔铸到我们的生命力、创造力和凝聚力中，是我们民族的基因。中华民族的精神，也已深深植根于绵延数千年的优秀文化传统之中，是我们的精神家园。

　　总之，中华文化博大精深，是中国各族人民五千年来创造、传承下来的物质文明和精神文明的总和，其内容包罗万象，浩若星汉，具有很强的文化纵深，蕴含丰富宝藏。我们要实现中华文化伟大复兴，首先要站在传统文化前沿，薪火相传，一脉相承，弘扬和发展五千年来优秀的、光明的、先进的、科学的、文明的和自豪的文化现象，融合古今中外一切文化精华，构建具有中国特色的现代民族文化，向世界和未来展示中华民族的文化力量、文化价值、文化形态与文化风采。

　　为此，在有关专家指导下，我们收集整理了大量古今资料和最新研究成果，特别编撰了本套大型书系。主要包括独具特色的语言文字、浩如烟海的文化典籍、名扬世界的科技工艺、异彩纷呈的文学艺术、充满智慧的中国哲学、完备而深刻的伦理道德、古风古韵的建筑遗存、深具内涵的自然名胜、悠久传承的历史文明，还有各具特色又相互交融的地域文化和民族文化等，充分显示了中华民族的厚重文化底蕴和强大民族凝聚力，具有极强的系统性、广博性和规模性。

　　本套书系的特点是全景展现，纵横捭阖，内容采取讲故事的方式进行叙述，语言通俗，明白晓畅，图文并茂，形象直观，古风古韵，格调高雅，具有很强的可读性、欣赏性、知识性和延伸性，能够让广大读者全面接触和感受中国文化的丰富内涵，增强中华儿女民族自尊心和文化自豪感，并能很好继承和弘扬中国文化，创造未来中国特色的先进民族文化。

2014年4月18日

君王祭祀——君王庙

女皇祭祀——武后庙

清官祭祀——包公祠

英雄祭祀——岳王庙

名臣祭祀——名臣庙

君王庙

我国在很早的时候，就出现了专门供奉先祖的场所，夏代时称为"世室"，殷商时称为"重屋"，周代时称为"明堂"，从秦汉时起称为"太庙"。太庙最初只是供奉皇帝先祖的地方，后来，那些有功于江山社稷的皇后和功臣经皇帝批准后也被供奉在太庙里。到了明清时期，太庙的建筑形制和祭祀功能更加完善，体现了追崇和缅怀先人这一传统的历史传承。

明清时期，最为著名的供奉先祖的场所是北京的历代帝王庙，它不仅是我国古建筑宝库中的精品，更是吸引海内外华人祭奠炎黄、颂扬先贤、增强历史自豪感和民族凝聚力的重要文化场所。

侍奉历代皇室先祖的太庙

在我国夏代的时候，人们将先祖供奉在固定的地方，后来逐渐成为皇帝的宗庙，当时称之为"世室"。到了殷商时期，这种古代的祭祀场所被称为"重屋"，周代时称为"明堂"，从秦汉时起称为"太庙"，这一称谓就被一直沿用到后来。

北京太庙大门

■明清太庙琉璃门

最早的太庙只是供奉皇帝先祖的地方。后来，皇后和功臣的神位经皇帝批准也可以被供奉在太庙。还有有功于社稷的臣子和子民，去世后不仅以郡王之礼厚葬，经皇帝允许，他们还可以享用在太庙被祭祀的待遇。到了明清时期，太庙成为了皇帝祭奠祖先的家庙。

我国太庙建筑不仅历史悠久，而且建筑形制也不断变化。据文献记载，按周代的礼制，太庙位于宫门前东侧。夏商周时期的宗庙，是每庙一主，夏5庙，商7庙，周亦7庙。到了汉代，不仅京城立庙，各郡国同时立庙，于是其数达176所，这和后来天子宗庙仅太庙一处的制度是很不相同的。

据考古发现，除殷墟、二里头、周原有可能为宗庙的遗址外，较为明确的遗址，应为西安汉长安故城南郊的"王莽九庙"遗址。

"王莽九庙"遗址的宗庙建筑有11组，每组均为

郡王 我国古代爵位名，始于西晋，晋武帝封司马伷为东莞郡王。一般封号为一个字的王为亲王，封号为两个字的王为郡王。唐宋以后，郡王皆为次于亲王一等的爵位。除皇室外，臣下亦可封郡王。清代宗室封爵第二级称为多罗郡王，简称郡王。

■北京太庙辟雍

千古祭庙

历代帝王庙与名臣庙

辟雍 亦作"璧雍"等，原本是西周天子为教育贵族子弟设立的大学。取四周有水，形如璧环为名。其学有5所，南为成均，北为上庠，东为东序，西为瞽宗，中为辟雍。其中以辟雍为最尊，故统称之。西汉以后，历代皆有辟雍，但多为祭祀用。

正方形地盘，四周有墙垣覆瓦，四面墙正中辟门，院内四隅有附属配房，院正中为一夯土台，主体建筑仍采用高台与木结构结合的形式。每组边长自260米至314米不等，其规模相当大。

这种有纵横两个轴、四面完全对称的布局方法，大约是西汉末年祠庙的通例。并且可以见于明堂、辟雍、陵墓、早期佛寺和某些祭坛的平面形式等。

到了魏晋时期，这种每庙一主的形制，变为一庙多室、每室一主的形制。魏有4室，西晋为7室，东晋增至10室至14室，因为是把隔了几代的祖宗的神主迁入远祖之庙了。

至唐代时，定为一庙9室。明清时期亦沿袭一庙9室，并立有"祧庙之制"，也就是到了第九代就要被祧出去。

明清时期的北京太庙，位于北京市天安门广场东北侧，是皇帝举行祭祖典礼的地方，是紫禁城建筑群的重要组成部分。它始建于明永乐年间的1420年，是根据我国古代"敬天法祖"的传统礼制建造的。

北京太庙是世界上现存最大、最完整的祭祖建筑群。主要有宰牲亭、神厨、神库、井亭、燎炉、配殿等。最为重要的是大戟门和三重殿堂，即享殿、寝殿、祧庙，俗称大殿、二殿和三殿。

北京太庙整个建筑布局严谨，巍峨宏丽，庄严肃穆。建筑采用中轴对称式布局，琉璃门、汉白玉石拱桥、戟门、三大殿依次排列在中轴线上，井亭、神厨、神库配殿依次排列于两侧。整个太庙建筑群，基本为明嘉靖年间重建规模，是研究明代建筑群整体组合造型处理的良好典型。

殿宇均为黄琉璃瓦顶，建筑雄伟壮丽。前殿面阔11间，进深4间，重檐庑殿顶，周围有三重汉白玉须弥座式台基，四周围石护栏。其主要梁柱外包沉香木，其余木构件均为金丝楠木，天花板及柱皆贴赤金花，制作精细。太庙虽经清代改建，其规制和木石部分，大体保持原构，是北京最完整的明代建筑群之一。

北京太庙建筑群中最雄伟壮观的是享殿，又名前殿，是明清两代皇帝举行祭祖大典的场所。享殿是整个太庙的主体，为中国古代最高等级的黄琉璃瓦重檐庑殿顶，檐下悬挂满汉文"太庙"九龙贴金额匾，坐落在三层汉白玉须弥座上，面积达2060平方米。

享殿的梁、柱、枋、檩、鎏金斗拱等大小木构

■北京太庙燎炉

牌位 又称灵牌、灵位、神主、神位等，是指书写逝者姓名、称谓或书写神仙、佛道、祖师、帝王的名号、封号、庙号等内容，以供人们祭奠的木牌。牌位大小形制无定例，一般用木板制作，呈长方形，下设底座，便于立于桌案之上。古往今来，民间广泛使用牌位，用于祭奠已故亲人和神祇、佛道、祖师等活动。

件，均为金丝楠木，60根楠木大柱，高12.58米，最大底径达1.17米，是我国现存规模最大的金丝楠木宫殿，楠木大柱更是举世无双，建筑品质和文物价值只有明长陵的棱恩殿可与其相匹。

享殿内原供奉木制金漆的神座，帝座雕龙，后座雕凤。座前陈放有供品、香案和铜炉等。两侧的配殿设皇族和功臣的牌位。

清代皇帝祭祖，每年四季首月祭典称"时享"，岁末祭典称"祫祭"，凡婚丧、登极、亲政、册立、征战等国家大事之祭典称"告祭"。享殿内陈设金漆雕龙雕凤帝后神座及香案供品等。

清代时享殿内部陈设宝座，宝座数与中、后殿所供奉的牌位数一致，在举行祫祭等大型祭祀时，即将中、后殿神龛内的帝后牌位移至前殿，安置于宝座

之上，至清亡，前殿有宝座36座，另有大小供桌、铜灯、铜祭器等物。祭前先将祖先牌位从寝殿、祧庙移来此殿神座安放，然后举行隆重的仪式。

整个享殿建筑雄伟庄严，富丽堂皇。按照当时的制度，不算临时性的祭祀，每年春夏秋冬和年底要大祭五次。每次举行大典时，仪仗整肃，钟鼓齐鸣，韶乐悠扬，佾舞蹁跹，是中华祭祖文化的集中体现。

太庙以古柏著名，树龄多达数百年。在西区苍翠的柏树中，有一株形状像奔驰回首的梅花鹿，被称为"鹿柏"。说起它的来历，还有一段神奇的传说。

太庙祭祖，需要牛、羊、猪、鹿作为祭品摆在贡桌上，叫作"牺牲"。这些动物，平时圈养在水草丰美的南苑，到了皇帝祭祖的前十几天，才从神厨门运到太庙里的"牺牲所"。先圈养清洗几天，然后在

韶乐 史称舜乐，为上古舜帝之乐，是一种集诗、乐、舞为一体的综合古典艺术。韶乐是我国宫廷音乐中等级最高、运用最久的雅乐，由它所产生的思想道德典范和文化艺术形式，一直影响着我国的古代文明，被誉为"中华第一乐章"。

■ 北京太庙享殿和东西配殿

"宰牲亭"屠宰，送到神厨制成祭品。

话说清代乾隆时期有个老太监叫刘福，大家都叫他福爷。他和小太监李九儿一起负责喂养这些用来祭祀的动物。有一年秋天，离秋祭日子不远了，李九儿在给刚选进来的牲口刷毛，发现一头母鹿特别肥，肚子圆滚滚的。他把肥鹿的事跟福爷一说，福爷也觉得蹊跷。

深夜，福爷带着李九儿来到鹿圈，发现"肥鹿"不肥了，干草地上多出了一只小鹿羔。福爷大惊：鹿下崽见血，乃是不祥之兆，不能让上面知道。否则，鹿圈养鹿的、送鹿的都要杀头，连他们俩也得吃瓜落儿，落个知情不报的罪名。

于是，福爷用低沉沙哑的声音对李九儿说："赶紧把地上清理干净，铺上新草，给母鹿擦干身子，把小鹿羔子挖坑埋了。"

李九儿一听就急了，反问福爷："这么好的小鹿养着不好吗，为什么活埋了？"

北京太庙内皇帝座椅

福爷叹了一口气，说道："傻小子，你哪儿知道宫里的规矩？"

李九儿苦苦哀求福爷，说要偷偷养着这头小鹿，反正平时没有人到太庙来，等养大了即使再做牺牲，也算活了一遭。

福爷见李九儿执意要留下这头小鹿，把心一横，说道："也罢！咱就留下它吧，也算行个善事，不过，一要喂好，二要藏好。"

■北京太庙内景

得到福爷的同意，李九儿高兴得一蹦老高。爷儿俩连夜在草深僻静的地方用树枝给小鹿搭了一个圈，偷偷地养起来。

李九儿新增添了小伙伴，还给小鹿起个名字叫"十儿"，因为自己是"九儿"，小鹿是"十儿"，就如同是自己的小弟弟一样。

光阴似箭，日月穿梭，眼看过了一年，"十儿"长成了一头健壮的梅花鹿。

转眼到了年底大祭，乾隆皇帝来到太庙，正在行大礼时，鼓乐大奏。这不仅惊起了柏树上的小鸟，"十儿"也受到惊吓，在太庙狂奔起来。

御林军马上进行驱赶，"十儿"跑出琉璃庙门，往西再向北，进入一片柏树丛中，惊魂未定地站在那儿往回张望。

正在此时，一名御林军迂回到它后面西北方向，

御林军 亦称"羽林军"，顾名思义，在我国是护卫皇帝、皇家、皇城的特殊军队。始于汉武帝刘彻，此后，历朝历代的御林军多有变化，隶属系统、机构统领、职能权力和地位都不一样。一般设总统领、右统领、左统领、带刀护卫、敢死队、大将军、将军等职。

搭弓射箭。只听"嗖"地一声，利箭从鹿的左后身斜着射入。

就在这时，突然传来一声巨响，闪出一片金光，照得众人睁不开眼睛。待到再睁开眼睛时，只见"十儿"已化作一棵柏树，身上还插着那只铁箭。

乾隆皇帝闻听此事，将信将疑，在御林军首领的带领下，来到鹿化作柏树的地方。发现鹿化的柏树不见了，落满仙鹤，有的仙鹤悠闲漫步，有的引颈长啼，有的振翅欲飞，有的以嘴梳毛。

乾隆皇帝想了想，说道："此乃天意，鹿化为柏，柏上栖鹤，这是鹿鹤同春的吉兆，想必明年定是好年景啊。"于是亲自赐名"鹿柏"，向鹿柏作揖，拜了三拜，并命看庙太监仔细养护。

在远处早已吓得战战兢兢的福爷和随时准备以命

千古祭庙

历代帝王庙与名臣庙

■北京太庙寝殿

■北京太庙享殿

相拼保护"十儿"的李九儿，也因此躲过了一劫。

这棵鹿柏经风沐雨，迎寒斗暑，依然苍翠茂盛地屹立在太庙西侧。只不过身上的铁箭早已朽烂了，仅留下了一个疤痕。

太庙享殿的东配殿是供奉有功亲王牌位的地方，始建于明代，黄琉璃瓦单檐歇山顶，面阔15间，殿前出廊，廊柱上端卷收，并向内倾斜，屋檐起翘平缓，是典型的明代官式建况。

东配殿内供奉配享的满蒙有功亲王的牌位。清代供奉13人，如代善、多尔衮、多铎、允祥、奕诉等。每间设一龛，内置木制红漆金字满汉文牌位。

太庙享殿的西配殿是供奉有功大臣牌位的地方，始建于明代，黄琉璃瓦单檐歇山顶，面阔15间。殿前出廊、廊柱上端卷收，并向内倾余，屋檐起翘平缓，是典型的明代官式建筑。

歇山顶 歇山式屋顶，宋朝称九脊殿、曹殿或厦两头造，清朝改今称，又名九脊顶。为我国古建筑屋顶样式之一，在规格上仅次于庑殿顶。歇山顶共有9条屋脊，即1条正脊、4条垂脊和4条戗脊，因此又称九脊顶。由于其正脊两端到屋檐处中间折断了一次，分为垂脊和戗脊，好像"歇"了一歇，故名歇山顶。

千古祭庙

历代帝王庙与名臣庙

■北京太庙祧殿

西配殿内供奉配享的满蒙汉文武功臣的牌位，清代供奉13人，如鄂尔泰、张廷玉、傅恒、僧格林沁等，内部设置同太庙享殿东配殿一样。

太庙中殿在清代时期，内部分有17个小隔间，每间供奉一代帝后，即所谓"同堂异室"，隔间内设置有神龛，龛内供奉帝后牌位，左边陈设有帝后的玉册，右边陈设有帝后的玉宝。在隔间外置有宝座，数目与龛内牌位数一致。至清亡时，中殿内尚有6个隔间尚未使用。

太庙后殿在清代时期，内部分有隔间，共有9间，正中一间与其左右各两间内供奉清代四朝先祖帝后牌位与玉册、玉宝等物，隔间外亦设宝座，数目与牌位数一致。

祧殿是放置牌位的地方，始建于1491年，黄琉璃瓦单檐庑殿顶。面阔九间，长61.99米，进深四间，

玉册 也称玉策，是古代用玉版制作之册书。古制，帝王以玉册用以祭祀告天和作皇帝即位册文，亦用于册命太子及后妃。玉牒，玉牒书。古代帝王进行封禅郊祀典礼，所用文牒以玉雕镂，故名。

宽20.33米，殿内陈设和寝殿的陈设一样。清代正中供奉肇祖、左兴祖，再左显祖、右景祖。

每季首月"明享"，皇帝委托官员在本殿祭祀，岁来将先祖牌位移至享殿。此殿自成院落，四周围以红墙。东南隅原有铁燎炉一座，为焚烧祝帛之用。

北京太庙由高达9米的厚墙垣包绕，封闭性很强。南墙正中辟券门三道，用琉璃镶贴，下为白石须弥座；凸出墙面，线脚丰富，色彩鲜明，与平直单一的长墙强烈对比，十分突出。这一入口处理是相当成功的，入门有小河，建小桥5座，再北为太庙戟门。

戟门建于明永乐年间的1420年。黄琉璃瓦单檐庑殿顶，屋顶起翘平缓，戟门的檐下斗拱用材硕大，汉白玉绕栏须弥座，中饰丹陛，两侧各有一旁门。

戟门是太庙始建后唯一没有经过改动的重要遗物，是明初官式建筑的重要代表。门外车间原有木制小金殿一座，为皇帝临祭前更衣盥洗之处。按最

■北京太庙戟门

高等级的仪门礼制，门内外原有朱漆戟架八座，共插银镦红杆金龙戟120支。

戟门桥始建于明代，乾隆年间引故宫御河水于此，并对原桥进行改建，形如玉带，故又称"玉带桥"。桥宽8米，为七座单孔石桥，两侧有汉白玉护栏，龙凤望柱交替排列。中间一座为皇帝走的御路桥，两边为王公桥，次为品官桥，边桥两座供常人行走。

西北门始建于明代，清代改建。据说清代雍正皇帝为确保安全，到太庙祭祖的时候不走太庙街门，而从此门进入，于是加筑琉璃随堵门，形成内外两门，并且建筑高墙，以防刺客。

乾隆皇帝60岁以后，为减少劳累，改由此门乘辇而入，故又称"花甲门"。原门及墙已不存在。留存下来的为黄琉璃瓦单檐庑殿顶，是后代人们改建的。

北京太庙整个建筑群虽历经修葺，大部分仍保持了明代的建筑法式，是现存最为完整的明代建筑群，其历史和艺术价值极为珍贵，是研究明代建筑群整体组合造型处理的良好典型。

阅读链接

1850年2月25日，是农历的正月十四，元宵节的喜庆气氛已经渐渐开始弥散了。此时的紫禁城笼罩在一片哀伤阴霾的气氛里，因为大清国的最高执政者道光皇帝已撒手人寰。在弥留之际，道光皇帝却留下了一道朱谕，那就是百年之后灵位不进太庙，不立神功圣德碑。举国欢庆的元宵节变成国丧日，道光皇帝的这一遗嘱，堪称惊世骇俗。

道光皇帝的遗诏说不准把自己移入太庙，是因为他感到自己没有守住大清江山，无颜面对列祖列宗。但道光皇帝的儿子咸丰帝很为难，不入太庙，就没有办法进行祭祀，更没有先例。所以最终还是将自己的父亲道光皇帝的牌位放入了太庙。

祭祀帝王的历代帝王庙

　　"三皇五帝"是中华民族的人文始祖，历来为人们所景仰，并由此形成了祭祀祖先的传统。而明代建立的历代帝王庙，就是祭祀祖先和帝王的场所，体现了华夏文明对历代先贤的尊崇与缅怀。

　　考察我国历史，帝王庙之设，远早于明，但帝王庙冠以"历代"

历代帝王庙庙门

■历代帝王庙内牌位

三皇五帝 传说盘古开天辟地后，人类最初出现的上古中华文明创造者。"三皇五帝"根据典籍记载众说纷纭，并无定论。一般认为，三皇为天皇伏羲、地皇神农和人皇女娲，五帝为黄帝、颛顼、帝喾、唐尧和虞舜。三皇五帝是后人对远古时期帝王、三皇五帝朝代的概括，而非全指，是华夏文明对祖先的尊崇与缅怀。

二字，则是明太祖朱元璋于明初在南京首创的。

朱元璋建立了明王朝后，以文化祭祀为切入点，在南京创建历代帝王庙，于1374年8月落成，朱元璋亲临致祭。在当时，这里集中入祀"三皇五帝"和夏禹王、商汤王、周武王、汉高祖刘邦、汉光武帝刘秀、唐太宗李世民、宋太祖赵匡胤和元世祖忽必烈。既体现了汉民族大一统王朝开国帝王的主体地位，也认可元王朝为中华正统，让忽必烈同享崇祀，对缓解汉蒙矛盾，起到了至关重要的作用。

朱元璋创建历代帝王庙，意义非同小可。他第一次用庙宇祭祀的形式，彰显了中华一统帝系的历史传承，也体现了对元王朝的民族包容。

明成祖朱棣迁都北京后，南京历代帝王庙一直由太常寺负责祭祀。后来继位的明世宗朱厚熜，对礼制研究很是痴迷，厘定了不少祭典制度，改建或新建了一批皇家坛庙，新建北京历代帝王庙，就是其中之一。

明世宗认为，历代帝王庙远在南京，不便前往亲祭，而在北京祭祀历代帝王，只附属于南郊之祀，也很不正规。于是决定在北京新建历代帝王庙。1532年夏，历代帝王庙在阜成门内大街建成，当年八月，明世宗亲临北京历代帝王庙致祭。

北京历代帝王庙是明清两代皇帝祭祀先祖的地方。其政治地位与北京的太庙、孔庙相齐，合称为明清北京三大皇家庙宇。从明嘉靖时期至清末的近400年间，在历代帝王庙共举行过662次祭祀大典。

朱元璋时确定祭祀的帝王是18位，清王朝顺治皇帝定都北京后定为25位。清代康熙、雍正、乾隆三朝皇帝对历代帝王庙都非常重视。康熙帝曾下谕旨：除了执政无道之君和亡国之君外，历史上所有曾经在位的皇帝，均在帝王庙中为其立牌位。乾隆帝更是提出了"中华统绪，绝不断线"的观点，把庙中没有涉及的朝代，也选出皇帝入祀。

北京历代帝王庙占地1.8万平方米，古建筑面积6000平方米。建筑规模庞大，整体布局气势恢宏，显示了皇家庙宇的尊贵和气派，是我

历代帝王庙内牌位

■历代帝王庙下马碑

影壁 也称照壁，古称萧墙，是我国传统建筑中用于遮挡视线的墙壁。旧时人们认为自己的住宅中，不断有鬼来访。如果有影壁的话，鬼看到自己的影子，会被吓走。当然，影壁也有遮挡外人视线的作用，即使大门敞开，外人也看不到宅内。影壁还可以烘托气氛，增加住宅气势。

国古建筑中举世无双之精品。它自建成之后基本没有大变，只是清代在景德殿两侧增建了四座碑亭和景德门外西院诸殿。

历代帝王庙由南至北依次为：影壁、景德街牌楼、石桥、下马碑、庙门、景德门、景德崇圣大殿和祭器库。大殿两侧有东、西配殿，还有四座御碑亭和二座燎炉。东南侧有钟楼、神厨、神库、宰牲亭、井亭。西南侧有乐舞执事房、典守房、斋宿房。此外，还有单独成体的有"庙中庙"之称的关帝庙。

历代帝王庙的影壁是明嘉靖年间的1530年始建的原构，至今已有480多年的悠久历史了。它位于历代帝王庙整座建筑群的中轴线的最南端，其规模和形制均与这座皇家庙宇相一致。

我国古建中的影壁通常分为"一"字形和"八"字形。历代帝王庙影壁系绿琉璃筒瓦硬山调大脊，长32.4米，高5.6米。南北厚1.35米，呈"一"字形。影壁的基座为砖砌的须弥座，壁身是砌成长方体的立墙，通体朱红色。它的四棱都由绿琉璃筒瓦包嵌，南北两个壁面为"中心四岔"。

所谓"中心四岔"，是指壁身的中心位置和四角位置，都有琉璃雕花纹饰。中心为团花，图案是缠枝牡丹，四个岔角也是缠枝牡丹纹饰。

景德门牌楼各设于景德门前东西两侧，是随着历代帝王庙的兴建而营造起来的，形制基本一致。这两座牌楼为三间四柱七楼，两侧有戗柱相对支撑，造型古朴端庄，制作华美。它们与北面的帝王庙建筑群和南面的影壁，形成一个建筑群体，体现出皇家礼制建筑规制的整体风貌。

在历代帝王庙大门两侧的"八"字墙前，各立有一块高大的下马碑。这两座下马碑，高大、肃穆却又低调。下马碑是昔日皇家设立的谕令碑，是一种显示封建等级礼仪的标志。

历代帝王庙前的这两块下马碑，立于清代。每块碑均用满、汉、蒙、回、藏、托忒6种文字镌刻"官员人等至此下马"，以示历代帝王庙的威严与尊贵。东侧下马碑阳面为满、汉、蒙文，阴面为托忒、回、藏文；西侧下马碑阳面为托忒、回、藏文，阴面为满、汉、蒙文，以示民族平等。碑座是长方形，没有龟趺，民间流传"有碑没有驮"指的就是这座下马碑。

根据清代乾隆时期的《礼部则例》等书记载，"下马牌"原本是木牌，清乾隆时期才换成了石碑。木牌原立于桥南朱栅外，改成石碑后立在了三座旱石桥的两侧，旱桥拆除后，下马碑移至门廊前。

历代帝王庙内石碑

下马碑的功能，就如碑上所镌刻的文字"官员人等至此下马"一样，它告知所有官员民众，来到历代帝王庙门前必须下马步

琉璃 亦作"瑠璃"，是指用各种颜色的人造水晶为原料，采用古代的青铜脱蜡铸造法高温脱蜡而成的水晶作品。其色泽流光溢彩、美轮美奂；其品质晶莹剔透、光彩夺目。琉璃是佛教"七宝"之一、"中国五大名器"之首。我国琉璃生产历史悠久，最早的文字记载可以追溯到唐代。

■历代帝王庙景德门

行，以表示对历代帝王和先贤功臣的尊崇。

说起下马碑，有一则民间故事。相传在几百年前，人们喜欢在历代帝王庙门前纳凉。有一天多了一位陌生人，他在庙门前练武打拳，跟谁也不搭理。周围的人起先有些好奇，日复一日，也就见怪不怪了。

有一天晚上，历代帝王庙附近的百姓在睡梦中被一声巨响惊醒了。天亮后，他们发现庙门前的下马碑上有个五指大掌印，掌印中间好似有个珠子大的凹痕。到底发生了什么事？谁也弄不清。后来，这里来了一位云游四方的老和尚，他说碑上留下的不是掌印，而是龙爪印，在那个凹痕里原来藏有"二龙戏珠"的夜明珠，被那个练武的人偷走了。

庙门与影壁隔街相望，黑琉璃筒瓦绿剪边歇山顶调大脊，面阔三间，通宽15.6米，通进深9.5米，平身科为单昂三踩斗拱，两边有"八"字墙，下有汉白玉

石台阶，中有御路，雕云山纹。在庙大门两侧各有一间旁门，为黑琉璃筒瓦绿剪边歇山顶调大脊。门前原有小石桥三座，象征帝王之居。

景德崇圣门位于庙门正北，黑琉璃筒瓦绿剪边歇山顶调大脊，面阔5间，通宽26.6米，通进深14.8米，平身科为单昂三踩斗拱，旋子彩画，四周绕有汉白玉石护栏，前后均三出陛，中为御路，两侧有垂带踏步。在景德崇圣门两侧各有侧门一间，黑琉璃筒瓦绿剪边歇山顶调大脊。

景德崇圣殿始建于明嘉靖年间的1530年，是历代帝王庙的主体建筑，寓意为"景仰德政，崇尚圣贤"。景德崇圣殿坐北朝南，面阔九间，51米，进深五间，27米，象征天子的"九五之尊"。和故宫的太和殿是一个级别。

景德崇圣殿为重檐庑殿顶，金丝楠木柱，地面

天子 顾名思义，天之嫡长子。我国古代，封建君主认为王权为神所授，其命源天对封建社会最高统治者的称呼。自称其权力出于神授，是秉承天意治理天下，故称帝王为天子，也自称为朕。朕代表皇帝的说法，出自于秦国丞相李斯。他对秦始皇说："臣等昧死上尊号，王为泰皇。命为制，令为诏，天子自称曰朕。"

墁金砖。清雍正、乾隆时期曾大修，更换成黄琉璃瓦顶，重绘金龙彩画。殿内悬有清乾隆帝的御联和匾，匾上有"报功观德"四个字，对历代帝王的奉祀活动就在景德崇圣殿内举行。大殿内奉祀历代帝王，只在中心位置设立牌位，不立塑像。

景德崇圣殿铺设的是专门为皇家烧制的地砖，也就是俗称的"金砖"。金砖给人光润如玉、踩上去不滑不涩的感觉，其颗粒细腻、质地密实。这次修缮用的"金砖"是在当年苏州的"御窑"定制的，其选料、烧制、加工均有严格的工序，铺设前还要经过桐油浸泡、表面打磨等处理。

清乾隆年间的1784年，景德崇圣殿供奉的入祀帝王增至了188位，共分7龛供奉，位居正中一龛的是伏羲、黄帝、炎帝的牌位，左右分列的6龛中，供奉了传说时代的"五帝"、夏、商、周、汉、唐、五代十国、宋、元、明等历朝历代的185位帝王牌位。

景德崇圣殿东西两侧的配殿中，还祭祀着伯夷、姜尚、萧何、诸葛亮、房玄龄、范仲淹、岳飞、文天祥等79位历代贤相名将的牌位。这些历史名人中没有秦始皇、杨坚和李渊，是有一定的历史原因的。

■ 历代帝王庙内建筑

　　秦始皇作为我国历史上第一个大一统王朝的皇帝，却未能入祀北京历代帝王庙，有一种说法是因为秦始皇的"焚书坑儒"。由于秦代以后的帝王大都尊崇儒家，从儒家思想的观点看，秦始皇被看作无道暴君，他虽然创造了一统中华等伟业，但是在过去的史书和人们的心目中，更强调的是他"焚书坑儒"等对儒家的打击，所以没有将其列入景德崇圣殿供奉的帝王之中。

　　杨坚是隋王朝开国皇帝，是西魏大将军杨忠之子。杨忠跟随西魏权臣宇文泰起义关西，宇文泰奠基北周政权，是为北周文帝。至北周宣帝宇文赟去世后，其长子宇文阐即位，是为北周静帝。当时宇文阐8岁，杨坚入宫辅政，任宰相，总揽军政大权。

　　后来，杨坚取代后周自称为帝，国号隋，随即灭南朝陈而统一了全国。杨坚史称隋文帝，他一度因隋之创建者而享祀，但终因其篡权夺位而被撤出。

　　唐高祖李渊是唐王朝开国皇帝，理应入历代帝王庙享祀。但因他原是隋王朝重臣，其开国之功远不及他的儿子唐太宗李世民而被撤祀。历代帝王庙中的单体建筑关帝庙于清代增建，硬山顶，面阔三间，进深一间，带前廊，用于专门祭祀关羽。关羽之所以被祭祀于"帝王"庙宇之中，与关羽的官民信仰有关。

有人认为，关羽历来被官民共同奉为保护神，在历代帝王庙建筑群里，单独建关帝庙，是想借助其忠义仁勇的"关帝"来镇恶辟邪，起到护卫的功能。

还有些人推测说，关羽曾被众多皇帝尊崇为"武圣"。倘若按功臣名将的身份，把关羽供奉在东西配殿中显得待遇有点低了；倘若真要按帝王身份供奉在景德崇圣殿里，与历代帝王共聚一室又嫌不够资格，因此，只好为他单独建庙，供人祭祀。

也有人分析说，入祀的帝王按规制都必须生前在位的，但关羽生前未当过一天帝王，而那些享祀的功臣名将，又无一人去世后封王称帝的。唯独关羽一人屡屡被封为"关帝"，所以，在尊崇关羽最盛的明清两代，一座相对独立的关帝庙出现在西跨院里，并同时建起配套的祭器库。

在历代帝王庙建筑中，景德崇圣殿、景德门、东西配殿的主要构

■历代帝王庙碑亭

件都是明代遗留下来的，而壁画、琉璃瓦等多是清代乾隆时期的。北京的故宫、颐和园、天坛、孔庙等建筑虽然都是始建于明代，但留存的明代构件不多，像历代帝王庙这样保留了大量明代原构件的极为少见。

■历代帝王庙燎炉

配殿位于景德崇圣门的北面，景德崇圣殿东西两侧，各七间，分别为西、东向，黑琉璃筒瓦绿剪边歇山顶调大脊，通宽33.4米，通进深14.6米，平身科为单昂三踩斗拱，旋子彩画，内顶为井口天花，下方砖铺地。

东西配殿为从祀历代功臣的场所，其中的鼎炉、燎炉、殿后祭器库五间，皆不存。

环绕景德崇圣殿共有四座碑亭，月台两侧各有碑亭一座，黄琉璃筒瓦重檐歇山顶调大脊，方形，每面面阔三间，上檐平身科为重昂五踩斗拱，下檐平身科为单昂五踩斗拱，和玺彩画。

殿两山两侧亦各有碑亭一座，黄琉璃筒瓦重檐歇山顶调大脊，方形，每面面阔三间，各宽10米，上檐平身科为重昂七踩斗拱，下檐平身科为重昂五踩斗拱，均和玺彩画。

在这四座碑亭中，正西一座建于1733年，内为无字碑；东南一座也建于1733年，碑体阳面为雍正御制碑文，阴面为乾隆御制碑文；西南一座建于1764年，

和玺彩画 又称宫殿建筑彩画，在清代是一种最高等级的彩画，大多画在宫殿建筑上或与皇家有关的建筑之上。和玺彩画根据建筑的规模、等级与使用功能的需要，分为金龙和玺、金凤和玺、龙凤和玺、龙草和玺及苏画和玺5种。

阳面和阴面均为乾隆御制碑文;正东一座建于1785年,阳面为乾隆御制满汉合文碑文,阴面无字。

钟楼在东侧门之北,黑琉璃筒瓦绿剪边歇山顶,重楼重檐调大脊,方形,每边面阔三间,上檐平身科为单昂三踩斗拱,旋子彩画,下檐平身科为一斗二升交麻叶头斗拱,旋子彩画。

其实,历代帝王庙的彩画艺术是首屈一指的。历代帝王庙的彩画经历了三个阶段,第一个阶段是明嘉靖始建时期,第二个阶段是清雍正大修时期,第三个阶段是清乾隆修缮时期。其中最有价值的是明代始建时期的彩画,在留存下来的建筑上还有遗存,可惜常人不易见到了。

在景德崇圣殿天花板上边,有3幅彩画,从纹饰到工艺,是非常有价值的明代彩画。景德门正面西侧的天花彩画非常漂亮,纹样是金莲水草,3朵莲花分

■历代帝王庙钟楼

别代表天皇、地皇、人皇；颜色鲜艳，用的都是天然矿石质颜料。

在景德门的脊部也留有1幅明嘉靖始建时期的彩画，也在天花板上面。它的纹饰与正殿不一样，做工没有大殿精细。

此外，东跨院的神库神厨，也留有始建时期的彩画痕迹。在宰牲亭的南侧和西侧有一两件。后人把清代彩画做在老地仗上了，所以留下一些痕迹来。景德崇圣殿天花面除3幅彩画，其他都是白木头茬，这可以说明它是明嘉靖时期的原活儿，后来几次修缮脊部都没动。

■历代帝王庙碑亭

北京历代帝王庙并不是宗教场所，它供奉祭祀的对象，既不是神也不是佛，而是祭祀我国历代的帝王。这样一来，同一个"庙"字，有的属宗教类建筑，有的仍是祭祀用的建筑。

北京历代帝王庙是全国唯一集中祭奠"三皇五帝"、历代帝王和功臣名将等中华先贤于一庙的神圣殿堂。有祭祀就离不开礼乐，何谓礼乐呢？礼和乐都是对天地万物、自然规律的仿效或体现。

礼是取法天地的高下有别、四时的轮换有序、六气的相互生发、万物生养的各有所宜的原则而制定的。乐则是对自然界合规律又合目的的构成和运动变化的规律及形态的模拟与感觉。

斗拱 亦作"斗栱"，我国建筑特有的一种结构。在立柱和横梁交接处，从柱顶上的一层层探出成弓形的承重结构叫拱，拱与拱之间垫的方形木块叫斗。两者合称斗拱。也作枓栱、枓拱。由斗、栱、翘、昂、升组成。斗拱是我国建筑学会的会徽。

礼、乐的产生都是为了适应社会的需要。礼，主要用于"辨异"，以区分个体成员的贵贱等级，使其明确各自的地位、职责和义务。乐，主要用于"求和"，调节人的内在情感，和谐不同成员之间的人际关系，使之相亲相爱。

礼和乐都必须合"度"，若"过"便会引起混乱。礼和乐似孪生兄妹，形影不离。在礼乐文化体系中，礼居于主导地位，支配着乐；乐处于从属地位，服务于礼。

在历代帝王庙的祭祀活动中，不同的礼仪演奏不同的乐舞，不得混用，而且不同等级身份的人，只能享用不同规格的乐。从天子、诸侯、大夫到士，所用乐舞都有严格限制。乐队规模的大小，舞队人数的多少，演奏的乐章，歌唱的诗篇，甚至演出程序，都根据不同的用乐场合，用乐者的不同身份，不得僭越。

总之，北京历代帝王庙不仅是我国古建筑宝库中的精品，也以其完善的礼乐制度承载着中华民族数千年来的祭祀祖先的传统，是我国统一多民族国家发展进程一脉相承、连绵不断的历史见证。

阅读链接

在我国历史上，帝王庙冠以"历代"二字，是明太祖朱元璋在明王朝初年创建的。朱元璋以文化祭祀为切入点，在南京创建历代帝王庙，集中入祀"三皇五帝"和夏禹王、商汤王、周武王、汉高祖刘邦、汉光武帝刘秀、唐太宗李世民、宋太祖赵匡胤和元世祖忽必烈，既体现了华夏、汉民族大一统王朝开国帝王的主体地位，也认可元王朝为中华正统。明王朝迁都北京后，对历代帝王的祭祀或在南京进行，或在北京郊区和故宫文华殿进行，明嘉靖皇帝朱厚熜于1530年兴建了北京历代帝王庙，祭祀人物沿袭南京旧制。

朱元璋用庙宇祭祀的形式，彰显中华一统帝系的历史传承，体现了对蒙元王朝的民族包容。

武后庙

武则天是我国历史上唯一的正统的女皇帝，也是即位年龄最大、寿命最长的皇帝之一。武则天在主政期间，善于治国，重视延揽人才，首创科举考试的"殿试"制度，出现了政策稳定、百姓富裕的局面，故有"贞观遗风"的美誉，亦为其孙唐玄宗李隆基的"开元之治"打下了长治久安的基础。

因为武则天对历史做出过巨大贡献，所以人们对她立祠进行祭祀，尤其是在山西文水的武则天故里和四川广元的皇泽寺，两地的祭祀活动和建筑风格别具一格。

祭祀武则天的寺庙皇泽寺

那是在唐代初年，四川利州即现在的广元有一个从事木材买卖的商人叫武士彟，公元624年正月二十三这一天，武家诞生了一个女婴，她就是后来被称为我国历史上唯一的正统的女皇帝武则天。武家家境殷实、富有，武则天在广元度过了她的童年和少年时期。

隋炀帝大业末年，唐高祖李渊任职河东和太原之时，曾多次在武家留住，因而结识武士彟。李渊在太原起兵后，武士彟曾资助过钱粮衣物，故唐王朝建立以后，武士彟曾以"元从功臣"历官工部尚书、扬州都督府长史、利州、荆州都督等职，封应国公。

■武则天画像

■武则天称帝

武则天12岁那年，父亲武士彟去世了，她和母亲受到族兄的虐待。到了武则天年14岁时，唐太宗李世民听说她仪容举止美，召她入宫，封为才人。唐太宗最初非常宠爱她，赐名"武媚娘"，但不久便将她冷落一边。

649年，唐高宗李治即位，此后，武则天由才人升为昭仪，再升为皇后。唐显庆末年，唐高宗患风眩头重，目不能视，难于操持政务，皇后武则天得以逐渐掌握朝政，朝廷内外称他们为"二圣"。从此，武则天成为掌握唐王朝实权的人，唐高宗则处于大权旁落的地位。

690年，武则天正式登上皇帝宝座，成为我国历史上唯一的女皇帝，她改国号为周。那一年，武则天已是67岁的老人。705年，唐中宗李显继位，武则天

才人 我国古代宫廷女官的一种，通常兼作妃嫔。始设于晋武帝司马炎，沿用至明代。唐代制度，才人初定为宫官之正五品，后升为正四品。武则天就曾做过唐太宗李世民的才人。上官婉儿也曾做过唐高宗李显的才人。

■皇泽寺二圣殿内景

李冰 战国时代
著名水利工程专
家。被秦昭王
任为蜀郡太守之
后，李冰治水，
创建了奇功，建
成著名的都江堰
水利工程，其建
堰的指导思想，
就是道家的"道
法自然"、"天人
合一"的思想。
后世为纪念李冰
父子，在都江堰
修有二王庙。都
江堰也成为著名
的风景名胜。

还周于唐。当年11月26日，武则天去世，临终前留下
遗诏：去帝号，称则天大圣皇后。

在我国的历史上，通过幕后操控或者垂帘听政等
手段主持国家大权的女人不在少数，但她们当中，真
正敢于堂堂正正从幕后走到台前、高坐皇位君临天下
的，唯有武则天一人。

有人说，传说武则天逝后变成了神仙，民间遂给
她建庙命名"皇泽"，是祈望她的"在天之灵"能泽
被乡梓，因此在广元建立寺庙供奉她的真容像。

武则天逝后成神当然只是民间的一种说法而已，
事实上，皇泽寺创建于北魏晚期，原名乌奴寺，也叫
川主庙，相传是为了纪念李冰与二郎神的，历经北
周、隋代、唐初的不断发展，渐成规模。武则天建立
武周政权以后，施脂粉钱修建当时已具规模的川主
庙，并取"皇恩浩荡，泽及故里"之意，改川主庙为

皇泽寺。

据明代陈鸿恩所撰《皇泽寺书事碑》载："皇泽寺相传为武后创。"清代张邦伸《云栈记程》中也说："武后秉政，建皇泽寺于此。"

后来，后蜀时的当地知府于959年对该寺进行了改扩建，形成唐则天皇后武氏新庙。当时的皇泽寺，临江是则天门、天后梳洗楼、乐楼即戏楼，还有弥勒佛殿、铁观音殿等建筑。此后，皇泽寺屡有毁建，保存下来的建筑基本上为清代建筑。

皇泽寺的主体建筑有大门、二圣殿、则天殿、大佛楼、吕祖阁、五佛亭等，寺依悬崖，下瞰江流，雕梁画栋，错落有致，气势不凡，颇有巴山蜀水之秀丽巍峨。

跨进皇泽寺的大门，首先看到的是二圣殿，大殿正中，供奉着二圣，也就是唐高宗和武则天。殿内左

■皇泽寺寺门

武后行从图

右两侧，塑有唐高宗、武周朝时期的九位著名大臣，分别是李勣、李义府、魏元忠、李昭德、狄仁杰、娄师德、张柬之、来俊臣和上官婉儿。

二圣殿后，是则天殿，该殿始建于唐代，历史上曾称"武后真容殿"、"则天圣后殿"。与一般"民办"的寺庙不同，皇泽寺这座由女皇御敕建造的"官办"寺庙内没有"大雄宝殿"，因此，则天殿就是皇泽寺的主殿。两旁对联为《华严经·序》摘句，对联写道：

金仙降旨大云之偈先彰；

玉扆披襟实雨之文后及。

则天殿的殿内，有武氏家系图。据史载，武则天的父亲武士彟是太原文水人，因曾相助于李渊，是唐王朝开国元勋之一，一直深受唐高祖信任并因此成为唐高祖时期的朝廷重臣。

则天殿正中，立有一尊国内唯一的武后真容石刻像。宋人《九域志》记载：武则天当皇帝后，"赐寺刻其真容"。

武后真容石刻像高1.8米，由整块砂岩雕成。其形象方额广颈，神态安详，头戴佛门宝冠，身着僧尼衣袍，肩披素帛，项饰珞圈，双手相叠于膝，作法界禅定印。据说，这是武则天晚年之像，虽俨然佛家装束，却颇具人神兼备之气。

武后真容像在后世曾遭劫难，被人从香案前推倒地下，将头身分离。之后人们将其复原时，发现石像颈部比原造像短了1.5厘米。加之衣饰彩绘褪色，更显老态龙钟了。所幸后人用金箔800克为这尊则天真容像换上了金衣，愈见流光溢彩。

殿内有一尊武则天的石刻画像碑，碑上刻着女皇头戴冕旒，身着王服，云环雾鬓，舞带霓裳，是后世之人临摹明代陈鸿恩所著《无双传》中之"金轮遗像"所刻，当是武则天为"王"时的神态。有一首古诗对其赞美道：

> 绝代佳人绝世雄，衣冠万国冕旒崇；
> 须眉有幸朝宸下，宰辅多才到阁中。
> 六尺遗孤兴浩劫，千秋高视仰丰功；
> 残山剩水留纤影，依旧倾城醉雁鸿。

则天殿还陈列有一块《升仙太子碑》。其中的《升仙太子碑》是

■皇泽寺武氏家庙

■皇泽寺五佛亭

封禅 封为祭天，禅为祭地，是指我国古代帝王在太平盛世或天降祥瑞之时的祭祀天地的大型典礼。远古暨夏商周三代，已有封禅的传说。古人认为群山中泰山最高，为"天下第一山"，因此人间的帝王应到最高的泰山去祭过天帝，才算受命于天。

武则天于699年农历二月初四，由洛阳赴嵩山封禅返回时，留宿于偃师县缑山升仙太子庙，一时触景生情而撰写并亲为书丹的。

《升仙太子碑》的碑文表面记述周灵王太子晋升仙故事，实则歌颂武周盛世。笔法婉约流畅，意态纵横。碑额"升仙太子之碑"六个字，以"飞白体"书就，笔画中丝丝露白。碑文33行，每行66字，行书和草书相间，接近章草书体。

碑文上下款和碑阴的《游仙篇》杂言诗、题名等，分别出自唐代著名书法家薛稷、钟绍京之手。历代书法爱好者都视《升仙太子碑》为书法艺术珍品。

皇泽寺大门北侧，有凤阁、钟楼，南侧则有写《心经》洞、武氏家庙和鼓楼。据说，武士彟出任利州都督后，为官清廉，政绩卓越，颇得百姓爱戴，故特建庙纪念他。

武氏家庙内，塑有武则天全家像，正中是武士彟及后妻杨夫人，武士彟的原配是相里氏，相里氏去世后，唐高祖亲自做媒，为其娶继室，也就是隋朝王室宰相杨达之女杨氏，后封为荣国夫人。

右侧是武士彟与原配相里氏所生的两个儿子：武元庆和武元爽。左侧是武士彟与杨夫人所生的三个女儿：长女名顺，字明则，嫁越王府法曹贺兰越石，生贺兰敏之及一女而寡，后封韩国夫人，出入禁中，得幸于唐高宗，去世后又追封郑国夫人。次女即武则天。季女史书没有记录名字，嫁郭孝慎，早卒不显。

武氏家庙东南是鼓楼，东北是写《心经》洞。唐代宗初年，书法家颜真卿为利州刺史，曾写《心经》1卷，刻于此处，因此俗称写《心经》洞。

写《心经》洞洞区有造像，分布于巨石三面，共计19龛，东面主要雕刻经幢和"六道轮回"的内容；西面造像常年埋于土中，后来在修葺的过程中被发现，主要内容为三世佛及释迦、多宝佛的题材。

南面的两个洞窟为武则天的父母武士彟、杨氏开凿，时间为628年，因此，这两个窟可能是为武则天的出

女皇祭祀

武后庙

■皇泽寺吕祖阁

生祈福所开，窟内现存有武氏夫妇礼佛图一组，弥足珍贵。

大佛楼又叫大佛石窟，原本无楼，是则天殿侧依山摩崖造像石窟。该楼初建于清代道光年间，后因年久失修已坍塌，后又重新建造，悬"大佛楼"三个字匾额于楼上，于是便习惯上称为"大佛楼"了。

大佛窟高7米，宽6米，深3.6米，开凿于唐代中期。主佛阿弥陀佛，立于莲台之上，左手曲举胸前，右手施无畏印，体态雄健魁伟，表情庄严肃穆。

主佛左右侍立迦叶、阿傩二弟子。迦叶袒右肩，左手执香炉，右手握拳下垂；阿傩左手捻串珠，右手上举，拇指中指相并。外侧观音、大势至二位菩萨，也都刻得眉目清秀，端庄慈祥。左右护法、金刚、力士等造像，惜风雨剥蚀，已面目难辨，但所见一肢一臂，仍旧雄姿英发，形态不凡。

这座石窟内刻有一尊供养人像，在天下的"佛界"中再也找不出相同的面孔。他身着官服，头戴唐制双翅官帽，双手合掌跪于佛前虔诚祷告，在大佛足下，显得卑微而又渺小。据当代国画大师张大千考证认为，此"供养人"应为被废后的唐

038

千古祭庙

历代帝王庙与名臣庙

■皇泽寺大佛楼

中宗李显，因希求复帝，以取悦母后，正为其母祈祷之。

另一说法为章怀太子李贤。因李贤曾令史学家范晔诠译《后汉书》，有影射皇权旁落之嫌而得罪于武则天，被废为庶人；后令李贤监造"皇泽寺"时，令石工将自己的像雕于大佛脚下以示忏悔请罪。

中心柱窟位于则天殿之上、大佛楼左侧的中心柱窟，为皇泽寺造像年代最早的一处，也是四川地区唯一的中心柱窟。

中心柱窟又名塔庙窟、支提窟，深2.76米，宽2.6米，窟约13立方米，窟室方形平面，平顶略弧，窟中央立方柱，由窟底直通窟顶，三壁各开一大龛两小龛。

中心柱是一根完整的石柱，又是一座造型精美的经塔，由塔基、身、顶三部分组成。第一、第二层四面各凿一龛，龛中凿一佛二菩萨三尊像。这些佛龛造像，刻法古朴，坐佛褒衣从正面敞开，下缘垂于台座下；左右侍立菩萨，发作双髻，长裙曳地，阔幅天衣于胸前作"V"形

■皇泽寺石窟中心柱

青龙 我国传统文化灵兽，以五行论，东为青色，故青龙为东方之神，亦称"苍龙"。龙是中华民族的图腾，自黄帝授命于天，威泽四方，龙就成为中华民族乃至整个中国的象征。东方传说中，青龙身似长蛇、麒麟首、鲤鱼尾、面有长须、特角似鹿、有五爪、相貌威武。

交叉于双肩成双角若翼。

三面石壁上的三个大龛内，造一佛二弟子二菩萨，佛像均身躯顾长，菩萨则面颐丰润，通身无璎珞，造像坚挺有力，富于体积感。三壁上部饰千佛，但三个大龛内的造像为后代改凿。

皇泽寺不仅是国内唯一的武则天祀庙，寺内还保存着开凿于北魏至明清的6窟、41龛、1203躯皇泽寺摩崖造像及其历代碑刻，不仅有极高的文物价值，而且有极高的观赏和研究价值，更被誉为中华传统文化的瑰宝。

在皇泽寺馆藏文物中，一组宋墓浮雕石刻无疑是我国宋代石刻艺术中的珍品，浮雕石刻共24块，每块长2米，宽0.8米，都是由本地黄砂岩石刻成。根据墓内清理出来的买地卷记载，制作年代当为南宋时期，最晚的一座宋墓已经近800多年了。

经过人们的精心修葺后，宋墓浮雕石刻被镶嵌在总长28米，高4米，厚0.8米的照壁上。分成《四宿神兽图》、《戏剧演出图》、《大典演奏图》、《男女武士图》、《孝行故事图》、《墓主生活图》、《花卉图》等七大类。

《四宿神兽图》中，有东青龙、西白虎、南朱雀、北玄武四兽。相传为威镇四方,避邪荣昌之神兽。

《戏剧演出图》和《大曲演奏图》共七幅,图中男伎身着圆领长衫系腰带,头戴软帽或硬翅冠,正手舞足蹈表演着;女伎或挽发髻或扎小辫,或罩长披或着短衫,手执擅板、横笛、竖箫、芦笙、唢呐、三弦、手鼓、腰鼓、扁鼓,马锣、桶鼓等站立演奏着。个个形态各异,生动风趣。

《男女武士图》中,人像高约1.45米到1.51米,男武士戴头盔,穿虎头铠,手执长钺,浓眉亮目,威武而怒。女武士头戴女冠,身着软甲战袍,手执长钺,眉目传神,肃穆端庄。在我国宋墓出土中尚属唯一发现。

《孝行故事图》中,共有五幅,均取材于《二十四孝》中的"王祥卧冰"、"孟忠哭笋"、"乔庄打柴"、"董永别妻"、"扼虎救父"等孝行故事,意在宣扬孝道,弘扬传统。

《墓主生活图》中,有《抬轿图》、《椅轿图》、《牵马图》、《庖厨图》、《夜梦图》、《念佛图》、《焚香图》、《飞壶酌酒侍宴图》等。其

■皇泽寺宋墓浮雕石刻

中的《飞壶酌酒侍宴图》令人见之不忘，在一张辅有桌围的桌子上，置执壶、瓜果、食盒等，但无侍者，酒壶悬空，似有隐身人在酌酒干杯似的。构思奇巧，引人妙思。

《花卉图》中，系石刻牡丹、芍药、莲花，显示墓主的高雅和富贵，极具象征意义。

这批宋墓石刻不仅具有较高的观赏价值，而且也是研究宋代社会风俗、文化艺术、宗教传统，道德理念等最宝贵的实物资料。

《蚕桑十二事图》碑也是皇泽寺中保存的珍贵碑刻。相传在清代嘉庆年间，广元有一县令名曾逢吉。此人乃湖北京山人氏，举人出身，清嘉庆年间的1812年以军功授昭化县令。

曾逢吉赴任后深入民间探索富民之道，号召县民植桑养蚕，颇有政绩。逐渐得出植桑养蚕致富之理。四年后曾逢吉调任广元县令，仍一如既往地倡导栽桑养蚕，并对全县每株桑树遂一造册登记，颁行只能增植，缺一补一，严禁砍伐的县规。在他的苦心治理下，广元境内所有道路两旁皆桑树成荫，绿色夹道。

1827年，曾逢吉升任松潘知州，临行前，赶绘了这套极似连环画的石刻《蚕桑十二图》碑，告诫当地

执壶 最初的造型是由青铜器而来，南北朝早期的青瓷当中，已经完成了这种执壶的造型。其后在唐宋两代是金银器中的一种酒具，这从唐宋绘画上是很容易看到的。

百姓及继任县令不要荒废了植桑养蚕造福百姓的事业。

《蚕桑十二事图》碑高1.3米，全长5.8米。首图绘着嫘祖依马小憩，一只蚕虫在一株桑枝上悬丝坠向嫘祖头顶的画面，此图取材于嫘祖与白马的传说。

传说上古时代，嫘祖之父是一部落酋长，不幸在一次外出狩猎中与外敌发生战斗，酋长战败被俘。嫘祖得知消息后万分着急，便召集部落众人商议救父之策，并当众许下诺言，谁救回嫘父，她当嫁他为妻，但是部众均无良谋。

然而酋长家的大白马闻言，长啸一声脱缰而去，傍晚时分驮回了嫘父。可在以后的几天里，白马不吃不喝，嫘父甚怪，问之众人，嫘祖遂谈及许诺救父配婚之语。嫘父闻言大怒，说："人畜焉能配婚？"遂斩杀白马，剥皮曝晒于烈日之下。

可刚将马皮晒出，突然狂风陡起，马皮与嫘祖被一同卷上天空，尔后一声雷响，嫘祖化为一只蚕虫，悠然从天上悬丝而下，而埋入土中的白马骨骼渐渐长出一株大树，蚕虫悬挂树上，以叶为食，吐丝作茧。这树后人叫它伤心树或桑树，寓意嫘祖那一段伤心的往事。

■武则天塑像

《蚕桑十二事图》碑中，《选桑椹》、《种桑》、《树桑》、《条桑》四幅图，展现了我国清代培植桑树的情景。《窝种》、《种蚕》、

■皇泽寺大佛窟佛像

《喂蚕》、《起眠》、《上簇》、《分茧》、《腌蚕》、《缫丝》八幅图，一一展现了清代人养蚕、缫丝、纺织的全过程。这组石刻图碑的拓片被广泛收藏，成为我国十分珍贵的史料实物和古代科普创作艺术瑰宝。

在皇泽寺，有两通看似平常，但却十分难得的碑石，这便是后蜀时959年所刻的《广政碑》和清代1286年广元路总管府总事王世明立石的《广元府记碑》。

其中的《广政碑》是研究"皇泽寺"历史较早的实物资料，也是考证武则天出生于广元的重要证据。要点有二，一是因为此碑上明确写有"皇泽寺"这个名称，比北宋《元丰九域志》记载要早120余年；二是碑文中有"天后武氏其人也，事具实录"句，表明武则天是在其父亲任利州都督期间，生于广元。

《广政碑》的碑文还记载了唐五代时期，武则天已被当地人当作神明膜拜，一遇灾事"军民祈祷于天后之庙，无不响应"，以及当时建寺规模、庙产等情况。后来，祈求武后赐福这样一种民间的自发祭祀活动，演变为在武则天生日那天即"正月二十三，妇女游河湾"的广元民俗，也是广元现在每年9月1日的"女儿节"的由来。由此可见此碑的价值非凡。

每年的农历正月二十三，皇泽寺都要举行庙会，广元人都要去皇泽寺前乌龙潭一带划舟竞渡、游河湾，以此纪念武则天的生日。

《广元府记碑》碑高2.6米，宽1.38米，厚0.24米。原碑存于旧县衙，后被移入皇泽寺保存。碑文中，有"全蜀咽喉，古今要地，山川神秀，而历代设置营建以及官制统属。仰尝求广元之义，其在易则曰广大配天地，其在春秋则谓一为元；今天下一统，其亦广元二字有以闻其先乎？……至元二十六年六月记"的记载，从中可略知"广元"这一地名的由来。据清代乾隆年间《广元县志》记载：

> 今上皇帝龙飞之十八年至元丁丑广元路从学教授章霆撰文广元路总管府知事王世明立石。

《广元府记碑》碑文已无从辨认，所幸清代乾隆年间的《广元县志》录有该碑文，为后人留下了一篇了解广元历史沿革的可贵史料。

阅读链接

据传说，武则天执政时，有一天心血来潮，想为自己取一个好字，可是琢磨了好几日，还是没有找到最合适的，就决定向天下文人征求最吉利的字，于是一张征求御字榜文贴到了长安城墙上。当时有一个少林寺和尚叫明空，把皇榜揭了。他见了武则天，说道："我这个字，字典里没有。"于是写了一个"曌"字，并说："日月当空普照大地，就叫照吧！"武则天听了大喜，赏赐明空十万两银子重建少林寺。明空和尚欢欢喜喜地回少林寺去了。

后来，武则天做了皇帝，还为这个字作了一首打油诗："日月当空曌，则天长安笑；一朝作皇帝，世间我最傲。"

武则天祖籍地的则天庙

　　武则天的母亲杨氏出身于隋王朝皇室，杨氏的父亲是隋观德王杨雄之弟遂宁公杨达。相传当武则天还在襁褓中时，当时的著名相士袁天罡有一次见到杨氏，便对她说："夫人法生贵子！"

　　杨氏听了这话，便把两个儿子武元庆、武元爽领出让袁天罡相

■武则天故事——袁相识面

面。可是袁天罡一看说可以官至三品，只不过是能保家的主儿，还不算大贵。

　　杨氏又唤出武则天的姐姐让袁天罡相，袁天罡称"此女贵而不利夫"！

　　最后由保姆抱出穿着男孩衣裳打扮的武则天，袁天罡一见襁褓中的武则天大为震惊，说她"龙瞳凤颈，极贵验也"！

　　果然，武则天后来于690年正式登上皇帝宝座，成为我国历史上唯一的女皇帝。

　　武则天掌管朝政之后，任用了很多贤臣来治理天下，在历史上以知人善任著称，武则天一朝号称"君子满朝"，娄师德、狄仁杰等著名的贤臣均在其列，后来的"开元贤相"姚崇和宋璟也是由武则天提拔起来的。

　　武则天善于用人还体现在她在用人制度上的改革和创新。她改革科举，提高进士科的地位，举行殿

狄仁杰（630年—700年），字怀英，并州人，唐代著名政治家。狄仁杰为人正直，疾恶如仇，心系民生，政绩卓著。在他身居宰相之位后，辅国安邦，对武则天弊政多所匡正。狄仁杰在上承贞观之治，下启开元盛世的武则天时代，做出了卓越的贡献。

■ 武则天故事——
少年入宫

六书　汉字造字
方法。汉代学者
把汉字的构成和
使用方式归纳成
六种类型，即
象形、指事、会
意、形声、转
注、假借，总称
六书。六书说是
最早的关于汉字
构造的系统理
论。六书是后来
的人把汉字分析
而归纳出来的系
统。有了六书系
统以后，人们再
造新字时，都以
该系统为依据。

试，开创武举、自举、试官等多种制度，让大批出身寒门的子弟有了一展才华的机会。

武则天在登基之初，就在洛城殿对贡士亲发策问，派遣十名"存抚使"巡抚诸道，推举人才，一年后共举荐十余人。

武则天对有才能的人不问出身，全部加以接见，量才任用，或为试凤阁舍人、给事中，或为试员外郎、侍御史、补阙、拾遗、校书郎，我国古代试官制度自此始。时人有"补阙连车载，拾遗平斗量，把推侍御史，腕脱校书郎"之语。

武则天虽对有才能的人许以官位，但对不称职的人亦会加以罢黜。由于她明察善断，赏罚分明，当时的人也乐于为她效力。

武则天还进行了文化改革，在文化上创造了一个的"自我作古"全新的时代，其标志就是创造了我国历史上特有的"则天文字"。

则天文字或称则天新字，也称武后新字，是武则天所首创的汉字的总称，在今天看来属于异体字范畴。按照汉字的六种构造条例"六书"来划分，这些字都属于象形和会意字。

由于武则天的影响力，则天文字不但在我国本土流传了15年，还有部分则天文字传到日本、韩国，甚至成为某些日本人的人名用字。

虽然如今的则天文字已成为死文字，除文史研究外，日常生活中已不再使用，但仍然保存了下来而没有消失。

由于武则天对历史做出过巨大贡献，后人有许多关于她的纪念活动，其中山西文水建的则天庙，就是祭祀武则天的重要场所之一。

这里需要说明的是，由于历史文献对于武则天的出生地记载的不统一，造成了武则天出生在不同地区的历史困惑。关于她的出生地主要有三处的不同说法。

一是四川广元说。其主要依据是皇泽寺的《广政碑》，此碑是考证武则天出生于利州即广元的重要证据，表明武则天是在其父武士彟

武则天故事——月冷灯孤

任利州都督期间，武则天生于广元。同时，广元民间传说正月二十三为武则天生日，因而有法定的每年9月1日为"广元女儿节"，以此纪念武则天的诞生。

二是山西文水说。山西文水是武则天父亲武士彟的祖籍所在，而我国人历来有认祖归宗的籍贯情结，所以在文水建有祭祀武则天的则天庙。另外，依据正统史书《旧唐书》、《新唐书》、《资治通鉴》上面的记载，这三种我国历史上的重要文献几乎口径统一地记载着武则天为"并州文水人"。并州为山西太原的古称。

三是陕西长安说。陕西长安为唐王朝国都，武则天的父亲武士彟作为为建立李唐王朝立下了汗马功劳的一介木材商人，唐开国后被封工部尚书等职。所以"武则天出生在陕西长安"就成了众多历史学者认定的有力证据。

其实，我国各地为历史上杰出人物建庙立祠并不鲜见，所建祀庙祠堂大多以纪念其创下的丰功伟绩或名士风流之事迹，还有就是因其生于斯而建的纪念殿堂。先不管武则天出生在哪里，人们在山西文水建则天庙祭祀武则天确为事实。

则天庙位于山西文水县城北5千米处的南徐村北面，西傍吕梁山，东靠文峪河，是一处山清水秀的名胜地。此庙于坐北向南，规模不大，轴线上从北到南有正殿、乐楼、雕像、山门；两翼建筑有偏殿、配殿、碑廊、鱼池、回音亭等30多间殿宇，占地面积约2.6万平方米。院内柳树成荫，花草遍地，以武则天的特定身份名扬天下。

则天庙始建在唐天宝年间的747年之前，清初改名为"水母庙"，或称"则天水母庙"，后来恢复了"则天皇后庙"的名称，现为"则天圣母庙"。

则天庙为何改名为"水母庙"？其中的一个说法是，宋代以后至明清执政者对武则天谩骂最甚，故官方把她的庙改掉以示贬责。

还有一种说法是武则天与水有关。南徐村附近有条小河称为泌水，是从武氏深井自流而成，千百年来

山门 意为寺院正面的楼门，是寺院的一般称呼。过去的寺院多居山林，故名"山门"。通常寺院为了避开市井尘俗而建于山林之间，因此称山号、设山门。山门一般有三个门，所以又称"三门"，象征"三解脱门"，也就是"空门"、"无相门"、"无作门"。

女皇祭祀 武后庙

■则天圣母庙

方士 即方术士，或称为有方之士，用现在的话说，就是古代的科学家。一般简称为方士或术士，后来则叫作道士。道士之称始于汉代，《汉书·五行志》中说："道士始去，兹为伤。"是东汉以来，始将方士叫作道士。晋代以后，方士之称渐不通行，而道士之称大著。

浇灌农田数百顷，造福一方。因此，人们把这一井泉称为神福泉，认为是则天圣母赐给家乡的福水，所以改则天庙为水母庙，或称"则天水母庙"。

相传，则天庙原计划建于泌水源头，正当人们做好地基立起梁架时，一夜大风，把全部木架刮到村子西北。村里人见此情景惊恐万状，知县看后也百思不得其解。正在疑惑之时，走来一位鹤发童颜的方士，他说："神皇一朝天，修庙该占乾。"在场人等如梦方醒，于是决定斋戒三日，并正当乾位就地建庙，即则天庙现址。

保存下来的则天庙正殿为金代皇统年间的1145年建筑，但在殿内与顶部仍保存了一对唐代金柱与部分唐瓦唐砖。正殿是庙内建筑群的中心，面阔三间，进深三间，单檐歇山顶。

■文水则天庙庙门

殿内梁架建造中，采用了三角形组合与杠杆原理

分散了顶部对大梁的压力，故大梁跨度很大，经数百年承受压力而未见弯曲，整座建筑被专家评为唐宋建筑中的杰作。

则天庙正殿在营造法式上采用减柱造，殿内只有两根柱子巧妙地用在神龛后侧，梁架，斗拱以及檐下门窗，门墩石雕等，全为金代原制，使大殿显得宽敞舒适。顶部坡度平缓，出格较大，保存了唐代建筑的风格。板门上部"金皇统五年"刻字尚存，是殿宇建成年代。

正殿内神龛属宋金时代的构件。前部斗拱制作华美，神龛上方有一条悬塑走龙。它头小颈细，举步向前，回头顾后，造形生动优美，正是武则天以女人身份登基称帝的典型象征。

在八卦中，乾为天，坤为地。将其推演于家庭之中，则父为乾，母为坤。武则天称帝为真龙天子，但她又是个母亲，位占坤地，所以这里塑的是一条在地上行走的真龙。

武则天彩塑像头戴金色凤冠，身穿云纹霞帔，怀抱如意，端坐龛中。宽额广颐，面目慈祥，一副含蓄的表情，像在与民同乐。

则天庙舞台是一座卷棚顶式的明清建筑。在舞台内壁上保存了清代后期戏剧演出题记71条。这些题记出自演员之手，字迹潦草，章法也差，但却真实地反映了晚清这一地区戏剧活动的真实面貌。

从这些题记中可以知道，当时在山西中部的汾阳、祁县、太谷、平遥、清源、文水、介休、孝义八县中，至少有34个戏剧团体，演出剧目最少有71个。这些题记是研究地方戏剧史的珍贵资料。

舞台南面正对山门的是武则天雕像。该雕像取中年女政治家的神态，不穿衮袍，不戴冕冠，凤冠与龙钗都是缩小了比例的象征性头饰，以显露其面部与体态美，总高5米，台高4米，台基边长9.9米。

除此之外，庙内还有武则天的政绩陈列、武则天家族的史料陈列，以及与武则天有关的名胜古迹陈列。在这里，人们不仅可以看到一个时代杰出女政治家的不朽业绩，还可以看到她留下的文化遗产，弥足珍贵。

千古祭庙

历代帝王庙与名臣庙

阅读链接

唐高宗驾崩后，作为才人，武则天居感业寺为尼。在感业寺，武则天写下了一首情诗《如意娘》："看朱成碧思纷纷，憔悴支离为忆君。不信比来常下泪，开箱验取石榴裙。"这首诗写得情真意切，表达了武则天对唐高宗的情思。

武则天和唐高宗是真心相爱，很有感情的。他们既是夫妻，也是政治伙伴，甚至一开始，他们就准备死后葬在一起。在唐高宗驾崩后，武则天写的祭文情真意切，要求一定要和唐高宗合葬。他们的墓是按照合葬墓的规格建造的。从爱情的角度来看，《如意娘》这首诗是武则天的真情告白。

　　包公即包拯，曾以龙图阁直学士权知开封府，因不畏权贵，不徇私情，清正廉洁，当时流传有"关节不到，有阎罗包老"的赞誉。包公一生清正廉洁，刚正不阿，一直是老百姓心目中崇高的清官形象。政治清明时，人们固然怀念他；世道衰败时，老百姓更加怀念他。

　　包拯是我国老百姓心中的青天，从南到北，在全国许多地方都怀念包公，历代文人还写了不少颂扬包拯的诗词，用诗歌来歌颂他的刚正不阿和清正廉明，表达对他的景仰之情。虽然世事变幻不定，但是，人们对于包公的怀念却是永远的。

清官祭祀

包公祠

古都开封城内的包公祠

　　在我国大宋王朝的第40个年头，安徽合肥一家包姓名门望族诞生了一个胖小子，是全家盼星星盼月亮才盼来的一脉单传，名为包拯。作为独生子，父母对他宠爱备至，他的童年幸福得像花儿一样。

■ 开封包公祠内包公蜡像

包拯自幼接受良好的儒家教育，逐渐成长为一名有志青年。在求取功名的道路上，他在19岁那年中了进士甲科，被任命为大理评事、建昌县知县，后来奉调入京任开封府尹。

■ 包公祠内包公办案蜡像

在当时，平民告状都得先通过门牌司才能上交案件，时常被小吏讹诈。包拯一上任就改革诉讼制度，处置恶吏，裁撤了门牌司，为百姓大开方便之门。

在开封府任期，包拯不仅断案英明，而且还是一个实干家。不到两年，就被任命为三司使，负责全国经济工作。在经济改革方面，他展现出了过人的天赋，比如改"科率"为"和市"，即朝廷按照公平价格购买农民要缴的上供物资。他还免除部分地区"折变"，即废除农民将粮食变成现钱纳税的规定等措施。由于开展经济工作卓有成效，两年后，包拯被提拔为枢密副使。

儒家 又称儒学、儒家学说，是我国历史上最有影响的学派。作为华夏固有价值系统的一种表现，儒家并非通常意义上的学术或学派，它是中华法系的法理基础。儒家最初指冠婚丧祭时的司仪，自春秋起指由孔子创立后逐步发展以仁为核心的思想体系。

千古祭庙

历代帝王庙与名臣庙

■包公祠照壁

欧阳修（1007年—1072年），字永叔，号醉翁、六一居士，北宋政治家、文学家，在政治上负有盛名。后人又将其与韩愈、柳宗元和苏轼合称"千古文章四大家"。与韩愈、柳宗元、苏轼、苏洵、苏辙、王安石、曾巩被世人称为"唐宋散文八大家"。

　　然而，这时的包拯已经是63岁的老人。宋仁宗时代相对和平，枢密副使这个职务也许是皇帝对忠心耿耿的包拯的一种荣誉回报。

　　一年之后，包拯病逝，首都开封的老百姓莫不悲痛，皇帝亲自到包家吊唁，并宣布停朝一天以示哀悼。当宋仁宗看到包家如此俭朴，又听闻他"居家俭约，衣服器用饮食如初宦时"，不禁感慨万分。北宋著名政治家、文学家、史学家欧阳修曾说，包拯"少有孝行，闻于乡里；晚有直节，著在朝廷"，这个评价是准确的。

　　包拯纯朴平实、刚直不阿、疾恶如仇、爱民如子，同时他不苟言笑、太过较真、不会处世、人缘不好。然而，他却成为了我国历史上无人企及的崇高与正义的化身，一个至忠至正、至刚至纯的清官标志与忠臣样本，一个被历朝官方推向神坛，又被历代老百姓奉为神明的"包青天"。

人们永远怀念包拯，在我国的文学作品和民间相传的故事当中，衍生出了很多关于他的故事。如在我国戏曲史上，没有一位官吏能够像包拯那样，可以如此频繁地出现在历代的戏剧舞台上，久演不衰，并且成为一类非常独特的戏剧通称，即"包公戏"。

戏剧中的包公，并不等同于历史上的真实人物包拯，而是改编自文学包公的带着某种理想化的包公形象。包公既是一位清正廉明、铁面无私、心智过人、执法如山的清官，又是一个半神半凡的超人。

除了戏剧形象外，自金、元以来，开封就建有包公祠，以纪念这位先贤。包拯在开封府时，倒坐甫衙开封府，抑强扶弱、铁面无私，为百姓伸张正义，成就了一个古今中外、妇孺皆知的美名包青天。

开封包公祠是目前国内外规模最大、资料最全、影响最广的专业纪念包公的场所。它坐落在开封城内碧波荡漾、风景如画的包公湖西畔，是一组典型的仿宋风格的古典建筑群。气势宏伟，凝重典雅。

包公祠占地1公顷，为白墙青瓦构筑的封闭式三合院组成，祠内主

包公祠二门

要建筑有大门、二门、照壁、碑亭、二殿、回廊、大殿、东西配殿。

进入大殿内，高3米多、重达2.5吨的包公铜像引人瞩目，只见他蟒袍冠带，正襟危坐，一手扶椅，一手握拳，仿佛要拍案而起，一身凛然正气，是集历史性、思想性、艺术性于一体的包公写照。两旁陈列着反映包公真实生平和清德美政的历史文物与典籍。

二殿展有包公的出仕明志诗，开封府题名纪碑，包公家训，包公书法手迹，墓志铭等。包公在出仕明志诗中开篇写道：

清心为治本，直道是身谋。

此语开宗明义，使一个大义凛然、正气冲天的包公形象跃然纸上。包公家训也是二殿中的重要内容。包公晚年在家训中写道：

后世子孙仕宦有犯赃滥者，不得放归本家，亡殁之后，不得葬于大茔之中。不从吾志，非吾子孙。

这更充分反映出包公嫉恶如仇、清廉传家的高贵品质。

■包公祠二殿

■包公祠碑亭

开封包公祠原有一通《开封府题名记》碑，现存于开封市博物馆，碑高214厘米，宽96厘米，厚24厘米。碑上刻有北宋开国以来，共146年、183任开封府尹的姓名和上任年月。

北宋时期，各级官厅亦各立本厅历任官员题名碑，这是个简单的流水账，记的就是官员姓名官职到任和离任日期。这种"流水账"，西晋时就已经出现，到了北宋，更为盛行。

北宋著名政治家司马光在《谏院题名记》中说，这样做可使后人"历指其名而议之，曰某也忠，某也诈，某也直，某也回"，对官员是一种警诫。对贪渎者，老百姓指着名字大骂像被人戳脊梁骨，有点廉耻的人都不会好过。对尽责者，老百姓的指名褒奖也是道德教化的一种。

《开封府题名记》碑显然实现了一定的道德教化

墓志铭 一种悼念性的文体，是古代文体的一种。通常分为两部分：第一部分是序文，记叙死者世系、名字、爵位及生平事迹等称为"志"；后一部分是"铭"，多用韵文，表示对死者的悼念和赞颂。

■包公祠内包公断案蜡像

王恽（1228年—1304年），字仲谋，号秋涧。元代著名学者、诗人、政治家，一生仕官，刚直不阿，清贫守职，好学善文。是元世祖忽必烈、元裕宗皇太子真金和元成宗铁木真三朝谏臣。代表作有《赞颂题名碑》、越调平湖乐、双调沉醉东风及《秋涧先生大全文集》100卷。

作用。据文献记载，北宋时包公备受敬仰，男女老少皆知其名。南宋时，他在碑上的名字被仰慕者触摸得"指痕甚深"。历经元明清民国，指痕更深，变成"小坑"，名字不存。包公名不在碑而有口皆碑，民心烛照，足以激发后代官吏之勤修德政。

元代诗人王恽赋诗赞曰：

拂拭残碑览德辉，千年包范见留题。

惊乌绕匝中庭柏，犹畏霜威不敢栖。

此诗颂扬包公和范仲淹的盛德和威名光耀千古，把贪官污吏比作可恶的乌鸦，即使千百年后，见其碑犹如见二公其人。

王恽看到石碑时，包公的名字还在，其正气"霜威"，仍然能够震慑贪渎。直到今天，开封民间仍然有传说："如果你不是贪官，用手指触摸包拯的名字，手指就不会发黑。如果是贪官，触摸后手指就会黑。"

《开封府题名记》碑可补史料空缺和纠史之谬误之处甚多，比如有多人是正史无相关记载而在开封府任职者，石碑补充了以上史传的不足，是极有意义的。

此类文物在全国并不多见，是研究宋史、开封地方史志珍贵的实物资料。它不仅是开封市宝，在我国"国宝"级石刻中也应占有一定地位。

开封包公祠东西展殿则以图文并茂的形式，展示包公的传说逸闻、历史故事。特别是东殿的群组蜡像《铡美案》与真人大小一样，色彩鲜明、形神俱备、毫发毕现、栩栩如生，备受人们的赞扬。

开封包公祠集中全面地展示了包拯的高尚人格、清德美政、清廉家风及对后世的深远影响。欣赏之余，更使人加深了对包公那跨越时空的敬仰之情。

阅读链接

　　关于包拯断案的故事，后人演绎的成分较多。这些故事大都反映出人们对包拯这一重要历史人物的缅怀。

　　相传包拯快出生时，其母照常去附近的凤凰山砍草。一天，包母感到肚痛，自知快要临产，急忙回家。哪知每走几步，肚子就痛一阵，每痛一次，就要蹲下一会儿。大约走了一里，痛了13次，蹲了13次。并且在蹲过的地方冒出包墩。这就是当地地名"一里十三包"的由来。

合肥大兴集的包公孝肃祠

　　相传宋仁宗皇帝封包公为龙图阁大学士的时候，还将半个庐州城赏赐给他，谁知包拯却说："臣做官是为国家和黎民百姓，不是为了请赏，所以我不要。"

　　宋仁宗听了暗暗称赞，觉得一点不赏赐，心里过意不去，于是就

■合肥包公孝肃祠大门

■ 合肥包公孝肃祠
包公断案蜡像

说："那就把包家门前那段人工河赏赐给你吧！"

包拯想，河不比田地，不好分，不好卖，富不了，也穷不尽，就谢恩接受了。说也奇怪，世上的藕，丝都很多，而且藕断丝连，可是包河里的藕，丝却很少，人们说：这是因为包公无私的缘故。于是人们也将这条河叫作包河了。

包拯病逝后，人们在1063年将之葬于合肥大兴集。为了怀念这位公正廉明的"青天"，人们就在这里修建了祀庙。到了明弘治年间的1488年，庐州知府宋鉴在祀庙东段的一个土墩上修建包公书院，故名为包公祠。土墩又叫"香花墩"、"包墩"，传说是包拯少年时读书的地方。《庐州府志》中称：

> 香花墩，在城东南门外濠中，是包公青少年读书处，本为公祠，蒲苇数重，鱼凫上下，长桥径渡，竹树阴翳。

龙图阁 宋代阁名，宋真宗纪念宋太宗的专门宫殿。收藏有宋太宗御书、御制文集、各种典籍、图画、宝瑞之物，以及宗正寺所进宗室名籍、谱牒等。北宋包拯曾任龙图阁直学士，故民间戏曲小说中以"包龙图"称之。

■ 包公孝肃祠的正堂

彩绘 在我国自古有之，被称为丹青。其常用于我国传统建筑上绘制的装饰画。我国建筑彩绘的运用和发明可以追溯到2000多年前的春秋时代。它自隋唐期间开始大范围运用，到了清朝进入鼎盛时期，清朝的建筑物大部分都覆盖了精美复杂的彩绘。

明朝弘治初年，庐州知府将原来岛上的小庙拆除，改建为"包公书院"，并称小岛为"香花墩"。到明嘉靖时期，书院得以重修，改名"包孝肃公祠"。包公孝肃祠占地1公顷，由大殿、二殿、东西配殿、半壁廊、碑亭组成。风格古朴，庄严肃穆。祠内陈展有丰富的文物史料。

包公孝肃祠两侧外廊门拱上刻有"廉顽"、"立懦"四个醒目大字，在"包孝肃公词"大匾下黑漆大门上，书有红底金字的对联，上联是"忠贤将相"，下联是"道德传家"。

包公孝肃祠的正堂，供奉着用檀香木雕刻的包公彩绘像。包公白面、长髯、儒雅、端庄，坐在神坛上，左立捧印文官，右立持剑武吏，案几上放着令箭、朱笔、虎头签、惊堂木等，仿佛升堂在即。令人颇感兴趣的是，这个包公并非黑脸，而是一个白面儒生，额头也没有日月阴阳眼，或许这才是"包拯"真实的尊容。

正堂内除了包公雕像，还有王朝、马汉、张龙、赵虎四大护卫的站立塑像。正上方悬挂的是李瀚章写的"色正芒寒"的横匾。左边是清乾隆年间庐州知府肖登山所题"节亮风清"的匾额，右边是光绪年间左锡旋所题"庐阳正气"的匾额。

摆在右侧的还有摆在大堂一侧的3把铜铡：龙头铡、虎头铡、狗头铡，寒气逼人。

包公孝肃祠正殿之西的回澜轩，东、北临水，古时为官宦、文人避暑饮宴之处。回澜轩又名包公历史文化长廊，是游人了解真实包公的好去处。长廊里以瓯塑、碑刻、书画、刺绣、彩绘木雕等多种工艺集为一体，还有反映包公活动的壁画。向游人展示包公"忠、孝、廉"的一生。

包公孝肃祠西南之流芳亭，相传包公幼年时常来此读书，故建亭以为纪念。后来建筑物被毁，1981年重新仿建。

包公孝肃祠东南角的廉泉亭，亭中有井，亭内石壁上刻有清末举人李国苇根据传说写的《香花墩井亭记》。此记中说，曾经有一个太守喝了这里的泉水，头痛欲裂，原来他是个贪官；而几位举人饮了此

惊堂木 也叫醒木、界方、抚尺。一块长方形的硬木，有角儿有棱，使用者用中间的手指夹住，轻轻举起，然后在空中稍停，再急落直下。也是古时县官用它举起拍于桌上，起到震慑犯人的作用，有时也用来发泄，让堂下人等，安静下来。

067

清官祭祀

包公祠

■包公孝肃祠廉泉

■包公墓园大门

举人 指被荐举之人。汉代取士，无考试之法，朝廷令郡国守相荐举贤才，因以"举人"称所举之人。唐、宋时有进士科，凡应科目经有司贡举者，通谓之举人。至明、清时，则称乡试中试的人为举人，亦称为大会状、大春元。中了举人叫"发解"、"发达"。习惯上举人俗称为"老爷"，雅称则为孝廉。

水，顿觉水甜如蜜，原来他们都是好人。故此井名为"廉泉"。

此外，包公孝肃祠里还有"直道坊"和"清心亭"，此乃包拯《题郡斋壁》里的诗句："清心为治本，直道是身谋"，他认为清廉是治世的根本，正直是为人的准则。所以包公祠不仅是一个很有特色的游览胜地，又是寓教于游的好地方。

在包公孝肃祠内有一块引人瞩目的石刻，是人们在包拯墓中清理出来的"宋枢密副使赠礼部尚书孝肃包公墓铭"石刻。"赠"为人去世后的受封。原墓铭和3000字的墓志碑现都存于安徽省博物馆。这块墓铭较《宋史·包拯传》更为详细地叙述了包拯的一生，可以起到补史的作用，极为珍贵。

墓铭中记叙了包拯好几件铁面无私、刚直不阿的事迹，其中有这样两件，说包拯在其家乡任庐州知府时，性情峭直，"故人、亲党皆绝之"。

在当时，包拯的一位亲戚犯了法，被人告到府里，包拯铁面无私，依法处治，打他一顿大板；张尧佐是宋仁宗的宠妃张贵妃的叔父，无德无能，仅凭亲戚关系，宋仁宗一次就授予他四个军政要职。

针对宋仁宗的任人唯亲，包拯专门上了一篇《请绝内降》的奏疏。以后他又接连上奏疏数道，认为这是"兆乱"之举，进而阐述"大恩不可以频假，群心不可以因违"的道理。

由于包拯的据理力谏，终于使宋仁宗"感其忠恳"，不得不削去张尧佐的两个要职。

包公孝肃祠与包孝肃公墓园相连。包孝肃公墓园位于合肥旧城墙外侧包河南畔林区，园内面积1200平方米，墓园内迁安了包拯及其夫人、子孙的遗骨。

包拯曾言，"后世子孙仕宦有犯赃者，不得放归本家，死不得葬大茔中"，因此就有了所有"不肖子

■包公墓志铭

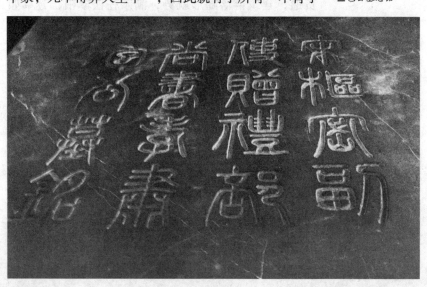

■ 包公孝肃祠内的包公家族墓园照壁

楹联 又称对联或对子，是写在纸、布上或刻在竹子、木头、柱子上的对偶语句，其对仗工整、平仄协调、字数相同、结构相同，是一字一音的中文语言的独特艺术形式。对联相传起于五代后蜀主孟昶。它是中华民族的文化瑰宝。

孙，不得入墓"的传说。

包孝肃公墓园格局别致，主副分明，方正严谨中富有变化。墓园的主体建筑和附属建筑堂、亭、室、阙，均以宋代二品官葬制设计，一砖一石一瓦完全符合宋代建筑质地与规格要求。

整座墓园四周还有院墙围护，园内各处皆有神道贯通，建筑群落随形就势，满园苍松翠柏，芳草如茵，古朴幽静。不少建筑上还有百余位书法名家书写的匾额、楹联装点，更增添了墓园的历史氛围和文化底蕴。

包孝肃公墓园由主墓区、碑廊、附墓区、地下墓室等组成。

穿过墓园大门，先映入眼帘的是大型照壁。照壁高4.2米，宽10.2米，上刻有"包孝肃公墓园"六个苍劲有力的楷书大字，是著名书法家方绍武书写。照壁的功能是石阙前的屏障，起隐蔽作用，同时也起到装饰作用。这方照壁是安徽最大的照壁，其构造完全是按宋代官方颁布的建筑设计、施工的规范书《营造法式》建造而成的。

照壁的后面是"子母双石阙"。阙是古代宫殿、祠庙和陵墓肃穆处所的外部建筑，通常左右各一，也有在大阙旁建一小阙的称"子母双石阙"。

我国建阙的历史可追溯到春秋时期，初为城门，城墙到此而以阙作为门，所以称城阙。墓门建阙约始于西汉。我国的古阙虽然很多，但大都残缺不全。像包孝肃公墓园之内的"子母双石阙"，只有这一座。"子母双石阙"的母阙高6.4米，子阙高4.5米。

穿过神门，一条笔直的神道直达包拯墓冢。神道右边立有龟趺螭首神道碑。碑上撰写着包拯生平事迹，内容与墓志铭的内容基本相近。

神道右旁还立有石柱，名叫"望柱"，又称"华表"、"和表"、"桓表"和"诽谤之木"。相传立柱之

石阙 石筑的阙。多立于宫庙陵墓之前，作铭记官爵、功绩或装饰用。式样和牌坊相似，只是没有横梁。阙有木制，也有石制，木制易朽，难于长久保存。

神道碑 又叫"神道表"，指神道前的石碑，上面记载死者生前事迹。记录帝王大臣生前的活动。神道即墓道。神道碑文原较简单，一般只称"某帝或某官神道之碑"。

■ 包公墓园照壁后面的子母双石阙

■包公墓神门

享堂 又称祠堂。安置祖之像牌以祭享之，墓上享堂、房屋等建筑是作为死者亲属祭祀先人和长期守孝居住之用，通常守孝要在墓上居住三年之久。这种丧葬形制在当时应比较普遍，但后世很难保存下来。

习原是尧舜时竖立于交通要道的木牌，让人在上面写谏言之用的。后来改为石柱，上面刻有多种形状的花纹，并逐渐演变成设在桥梁、宫殿、城垣或陵墓等前作为标志和装饰用的大柱。

设在陵墓前的大柱又称为"墓表"，一般常见的均为石造，柱身雕有蟠龙纹饰，上为云板、蹲兽。包孝肃公墓园的这根望柱，北宋时期二品官就是位应享受的待遇，柱呈八棱形，高3.6米，柱身刻有缠枝牡丹，柱的上端是寿桃型光焰。

神道两旁各有石羊、石虎、石人一对，组成墓前石刻群，名为"石像生"。墓前石刻群既是一个朝代的艺术型制，又表现了一个朝代的政体特征。包拯墓前的石刻群是按照北宋陵寝墓前石刻形制刻制的，其数量、品种则沿用唐制，显示墓主是三品以上官员。

登上几级石阶，迎面是包拯的享堂。享堂是包公墓园的重要建筑，专供祭祀活动之用。享堂正门两侧的抱柱上有一楹联为：

　　　　正气慑王侯，铡恶除奸传万世；
　　　　遗风昭日月，蜀山淝水庆重光。

　　联中"蜀山"指合肥西郊风景秀丽的大蜀山，"淝水"指穿城而过的淝河，从"正气"和"遗风"两个方面颂扬包拯的政绩和品德。

　　首句中的一个"慑"字，写出了包拯的明察善断，执法如山及对王侯的威慑作用。尾句中的一个"庆"字，点出了人们因怀念包拯而建墓园的欣慰之情，希望包拯的"遗风"得以发扬光大。

　　享堂正门前也有一副楹联：

　　　　廉吏可为来者是式；
　　　　故乡更美公乎其归。

华表 我国传统的建筑形式之一，是我国古代宫殿、宗庙、陵墓等大型建筑物前面作为装饰用的一种巨大石柱，原为木制的高柱，其顶端用横木交叉成十字，似花朵状，起某种表识作用，故称之为华表。相传华表既有道路标志的作用，又有为过路行人留言的作用，在原始社会的尧舜时代就出现了。

■ 包公孝肃祠内享堂外景

孙叔敖（约前630年—前593年），名敖，字孙叔，春秋时期政治家。他辅佐楚庄王施教于民，政绩赫然，使农商并举，文化繁荣，翘楚中华。因其出色的治水、治国、军事才能，后官拜令尹辅佐庄王独霸南方，楚国成为"春秋五霸"之一。

上联"廉吏可为"是用典。春秋战国时，楚国有个名为孙叔敖的令尹，他辅助楚王称雄，政绩卓著，赢得楚国百姓的赞颂。

包拯去世后没有给他的后人留下什么财富，致使他的后人过着贫穷困苦的生活，被史籍称为天下第一清官。而和孙敖叔同时期的一些赃官、贪官，他们死后却给自己的后人留下了大笔财产，使他们继续过着锦衣玉食的生活。两者之间，对照鲜明，因而社会舆论感叹道"廉吏不可为"。作者在此反其意而用之：包拯名传后世，光耀史册，所以"廉吏可为"。"来者是式"意思是后来人应当以包拯为楷模。

下联意思是包拯逝世近千年了，他病逝外乡，归葬故里，"公乎其归"既表现包拯对故乡的眷恋，也表现故乡人们对包拯的深情。

享堂飞檐翘角，灰瓦彤柱，高约10米，是一座木结构九脊五开间的宋代建筑风格的殿宇。殿内，20樽

■包公孝肃祠内享堂

凿花纹饰的柱基上，耸立着20根丹红国漆大柱，撑起橡梁昂枋，使大殿显得气宇轩昂，宏伟壮观。

享堂中央高支神龛，放置着包拯神位。神位前的供桌上设有香台，供瞻仰、祭祀者进香叩拜。神龛上方悬匾三块，中间的匾额上写的是"为政者师"，是清代人王均撰写，当代著名书法家刘炳森所书，左侧为"正气凛然"，右侧为"清正廉明"。

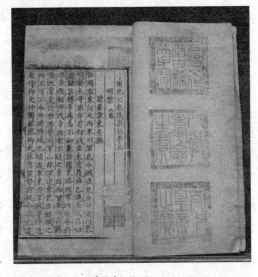

■ 古籍《孝肃包公奏议集》

享堂神龛两端的巨柱上悬一幅长联：

　　十五卷谠论排闾，江河不废仰止高山，
正道自千秋，宇宙声名尊孝肃；

　　　九百年明德在世，人物凛然长留生气，
凌云应一笑，岁时乡国荐芳馨。

全联上写"论"，下写"德"，对包拯的一生，做了极高的评价。皇上念他的功勋，在包拯去世以后就照顾他的子女在朝为官，后来又赐了一位"恩生"，负责管理包公祠、包公墓和有关文物、文史资料，接待来访客人。

"恩生"是世袭的，本人临终前，一定要按照立嫡、立长、立贤的原则确定好继承人。他是一族之

飞檐 我国古代汉族传统建筑檐部形式，屋檐特别是屋角的檐部向上翘起。多指屋檐特别是屋角的檐部向上翘起，若飞举之势，常用在亭、台、楼、阁、宫殿、庙宇等建筑的屋顶转角处，四角翘伸，形如飞鸟展翅，轻盈活泼，营造出壮观的气势和中国古建筑特有的飞动轻快的韵味。

长，大家都听他的。过去的"恩生"都住在香花墩上包公祠的旁边，便于打扫包公祠。

包家的人叫香花墩为"包墩"。包墩是包家的圣地，说是从包墩迁出去的，都是包家的子孙后代，包公子孙没有不知道包墩的。最后一代"恩生"是包公的35世孙包先海。

包孝肃公墓园旁有祭田数亩，"世奉免征"，由世袭的守冢户耕种。守冢户平时管理墓地，禁止牛羊放牧。清明时节，包公子孙扫墓，供应午餐两桌，鸡、鸭、鱼、肉八大盘，另加白酒和挂面，即当租课。

从北宋开始，每年春秋两季，都由庐州府学的校长和合肥的县长率领师生前往包孝肃公墓园祭扫包公墓。由于这项活动，集德育、智育、体育于一体，深受师生们的喜爱，便形成了一种惯例，经久不衰。即使发生元、明、清的多次改朝换代，这项活动也沿袭未改。

阅读链接

包公故事的丰富性，在通俗文学中可以说是独一无二的。其实宋之前著名的廉吏也有不少，就是在同时代的官僚中，包公的地位远不及富弼、韩琦、欧阳修、范仲淹、王安石等人显赫，但为什么包公被作为清官文学的代表在通俗文学中出现？

包拯不畏权贵，不徇私情，清正廉洁，百姓更喜欢直呼"包公"。平民呼唤包公，实际上是对黑暗现实的极度不满而导致的一种心理幻想，凝聚了专制社会下老百姓对于清官的企盼，和对社会公正的向往。

全国各地建造的包公庙

　　包拯为官为民作主，伸张正义，其凛然正气，被逐渐演绎成除暴安良的"包青天"、"包老爷"，人们广建庙宇，将他当作一方保民平安的神灵供奉。

　　全国各地建造的包公庙有很多，其中比较著名的有：商丘市包公庙乡、香港湾仔包公庙、福州市包公庙、河南辉县包公庙和湖南攸县麻城包公庙。

　　商丘市包公庙乡的由来，与在民间流传深远广泛的包拯"陈州放粮"的故事有关。

　　话说宋仁宗庆历年间，陈州一带连续遭受三年灾害，庄稼颗粒无收，陈州百姓挣扎在死亡边

■包青天画像

■福建包公庙

千古祭庙

历代帝王庙与名臣庙

缘。朝中户部尚书范仲淹欲派两名清廉官员到陈州放粮救灾。当时的刘衙内力荐自己的女婿杨金吾与儿子小衙内刘得中去陈州放粮。

杨金吾和刘得中二人奉命到陈州后，并未放粮救灾，而是秉承老子刘衙内的意图，乘机盘剥百姓。他们贪污的事实传到京城，包拯奉命去陈州查办此案。他行至宋城永定乡，饥民拦轿喊冤，诉说灾情。宋城即现在的商丘。

包拯在陈州查实了刘、杨二奸的罪恶，将他们处死，并开仓放粮，赈济灾民，使宋城的广大灾民度过了严冬和春荒。

宋仁宗庆历年间的1047年，宋城的百姓为报答包拯放粮赈灾的大恩大德，自发捐钱捐物，在拦轿喊冤的地方为其修建了一所庙宇，人称"包公庙"，并将他来巡察的正月初九至正月十五定为庙会期，以作纪念。后来，包公庙就成了地名"包公庙乡"，至今已有近千年的历史。

历经千年的风雨剥蚀，商丘包公庙多次遭到破坏，现在的规模是1994年在原来的地基上重建的。

现包公庙占地约2000平方米，建于高约2米的高台之上，山门、大殿、东西厢房围成一个四合院。院东南角另有一个名为"倒坐南衙"的小院，布局结构紧凑，建筑风格古朴。院正中耸立一古色古香的双层建筑"焚香楼"，内中香灰满炉。

商丘包公庙有正殿五间，正中端坐着威风凛凛的包公，上悬"光明正大"匾额，展昭和公孙策站立左右，两旁分列王朝、马汉、张龙、赵虎的塑像，东西套间分列寇准、王延龄塑像。

院内两棵国槐将整个小院收入绿阴之中，正对大殿门前的一棵石榴树上，火红的石榴缀满枝头，为肃穆古朴的氛围增添了勃勃生机。

香港湾仔包公庙位于湾仔坚尼地道隆安街2号，创建于清同治初年的1862年。该庙规模不大，在湾仔玉虚宫的偏殿内，自成一殿。

殿上奉包公神像，正中有"包公丞相"横织锦帐额，两旁各有长旗，绣"龙图学士包公丞相"八个字。

此庙初建之时的清代同治年间，香港贪污之风甚盛，常有不少冤案发生，坊间民众遂供奉包青天于玉虚宫偏殿。在这里拜包公的人们，多以清香一炷，不备其他祭品。这也许是当时的人们对贪污之风的一种抗议。

福州市包公庙位于福州市南郊盖山镇高湖村。此庙始建年代不详，据庙内《募缘重建碑》、《孝肃公英烈王碑》记载清同治时的1867

■青天三铡刀

年重建，光绪时的1900年再重修。1989年，乡人集资重修塑像。

其实，包拯并没有来过福州，在福州仓山区高湖村的一条小巷里，却有一座古老的包公庙。据说在宋代时，高湖村里有一位文人在河南开封府当官，与包拯相识，关系甚笃。他告老回福州后不久，听说包拯逝世，十分缅念。为了表达他的崇敬心情，便捐资塑了一尊包公像，并建庙予以纪念。

这座具有历史意义的、在福州地区独一无二的包公庙，保存得十分完好，包括戏台和大殿两大部分，系古典全封闭式结构，观众看戏风雨无阻，面积有100多平方米。

福州市包公庙坐北向南，砖木石结构，由戏台、左右走楼、大殿等组成，建筑面积274平方米。门墙为牌楼建筑形式，气势雄伟，装饰华丽，戏台靠近大门，戏台藻井装饰花卉图案，雕工精巧。

大殿面阔三间，进深六间，用20根石柱，穿斗式木构架，双坡屋顶，两边设封火墙。大殿后墙壁正中设神龛，内供包拯塑像。柱上镌刻八幅联对，落款均为"光绪巳酉年长寿堂、三宝堂同敬立"。

尤其难得的是，大殿里保存有1867年重建的石碑一通，以及1855年的石柱对联三幅：

刚毅立朝贵戚宦官敛手；
纂修特笔忠臣孝子齐名。

千古祭庙

历代帝王庙与名臣庙

■包公的棺木

宋代权奸互镜应惭渭浊；
湖滨善信捧觥块睹河清。

峭直不阿允推良宰辅；
阴阳攸摄共拜福阎罗。

　　这三幅对联，充分地表达
了人民群众对清官良吏的敬仰
与对贪官权奸的谴责。河南辉
县包公庙位于太行山下的包公
庙村和峪河边界，有600多年的
历史。据说庙里的包青天石像
非常灵验，善恶分得很清楚。另外在庙的建立时曾在
地下挖出12生肖属相等。

■包公家训碑

　　辉县包公庙是一座古朴典雅、绿树掩映、远近闻
名的绿色建筑。之所以在这里建包公庙，因为当时包
拯在此微服私访时，曾经救了一位师姓前辈，师族村
民感激涕零，在此山下修建三间草屋，内供包公以作
纪念，后在清代发展到几十间瓦房，香火旺盛。

　　湖南攸县麻城包公庙久负盛名。据《麻城包公庙
志》记载：明代嘉靖年间的1532年，江西龙虎山上清
宫光瑞法师云游到湖南攸县"荷花形"这个地方的
时候，看到这里景色怡人，想到心中敬仰的"包青
天"，不禁感慨万千，于是集资在这里开址立庙，最
初只是用石块垒成了三间草庐，其中放置宋代包拯的
神位。

穿斗式 或称串
逗式。是用穿枋
把柱子串联起
来，形成一榀榀
房架；檩条直接
搁置在柱头上；
在沿檩条方向，
再用斗枋把柱子
串联起来，从而
形成了一个整体
框架。适用于宫
殿、庙宇等建
筑。一般这种木
构架的形式在我
国南方的江西、
湖南、四川等地
区广泛应用。

包公墓碑

光瑞法师每天都要焚香祭拜包拯，平时就用自己所学的医术，用药签给当地的人们治病祛灾，他常常对于贫困的治病者不收取一个铜板，当地的人们非常敬重他。

到了明末，著名思想家李贽的入室弟子湖北麻城学者悟震，于1605年来到了荷花形。当他见到这地方的自然地理特征极像他湖北老家麻城龙湖的形状时，便在荷花形包公庙安顿下来。

当时包公庙很简陋，悟震家境富裕，又想到有如此奇缘，便倾其所有家产用来修庙，同时到各地化缘募资，兴修包公庙正殿，塑立包公神像。为怀念家乡和恩师，悟震将荷花形改称"麻城"，并一直沿用了下来。

改建后的麻城包公庙，又称"圣城"。庙中有庙，殿中有殿，里面侍奉了上百尊神像，集儒、释、道各教，互尊共荣。每年农历八月举行盛大庙会，来自两省三县的进香朝拜者络绎不绝。三教信众分别在大庙各寺院、宫观，依教仪顶礼膜拜。

当地有一个叫欧阳天晖的人，法名为一峰法师，他曾为《荷花形异城》赋诗一首曰：

北江环抱泻清溜，甘棠远列画图开。

纵有丹青描不就，灵秀钟毓一方来。

清代文士汤诒轩《麻城夕照》诗云：

龙图香火古麻城，向晚贪看返照明。

村市炊烟忙过客，树梢残月倦流莺。

红蒸天半霞千缕，碧漾江头水一泓。

孝肃于今遗庙在，高瞻栋阁夕阳横。

清末，包公庙还开办过文昌书院、文徵学堂。据说，清末拔贡余世本、名医贺升平等都曾在此就读或执教。

麻城包公庙历尽沧桑，先后八次被毁，十次重修。经历朝维修不断扩建，逐渐形成了现有占地面积4000余平方米，建筑面积1000多平方米的仿古式庙宇建筑群。分别由包公大殿、左右旁殿、观音阁、文昌宫、关公殿、龙王宫、戏台、山门、食堂和数十间厢房组成。

在攸县众多的诸如包公庙、龙图阁之类的庙宇中，麻城包公庙以其悠久的历史，恢宏的建筑，旺盛的香火，众多的朝圣者著称，名扬湘赣，甚至享誉神州大地。

时移世变，圣城巍然。麻城的各种民间会团也经常汇聚于此，如：包公会、观音会、孔圣会、关帝会等。

包公自勉诗

此外，还有油灯会、长醮会、龙灯会、桂花元会、育婴会、积谷会、太平会、八谷会等民俗和互济组织等，逐渐形成为以道文化为中心的民间活动场所。"江南诗怪"颜真愚《麻城观光》赞曰：

青山绿水绕麻城，争羡神灵地亦灵。
辈出人才新继旧，振兴经济利成名。
自然美共人文美，城乡荣连古迹荣。
今日欣逢尧舜世，弦歌处处颂升平。

除了上述五处包公庙外，还有我国台湾南投县埔里的青天堂和高雄县大寮村的开封宫、澳门镜湖医院附近的包公庙、湖南省郴州市宜章栗源镇的包公庙等，人们在这里祭祀包公，表达对包公的崇敬之情和心中的美好祝愿。

人们在全国各地广建包公庙宇，进行祭祀，是因为包拯心中装着百姓，为官清正廉明。在包公庙中的祭祀活动，也促使一个地方官仿效包拯，为政时庇荫四境，造福一方。

阅读链接

包公的脸谱和传统戏剧中的所有脸谱不同，该脸谱墨黑如漆，在脑门心的位置上用白色油彩勾画出一弯新月。这一脸谱为戏剧中的包拯专用。

包公的前额所画，俗称"月形脑门"，学名"太阴脑门"。传说中包公刚正威严，"日断阳间夜断阴"，白天料理人间的案子，夜晚则主持阴间的讼事，需要阴阳两界的"通行证"，而这"月形脑门"，就起到"通行证"的作用。

岳王庙

　　岳飞是我国历史上著名的军事家、战略家和民族英雄。北宋末年，岳飞投军，从1128年遇宗泽起到1141年为止的13年间，率领"岳家军"同金军进行了大小数百次战斗，所向披靡，"位至将相"。后来以"莫须有"的"谋反"罪名被害。宋孝宗时岳飞冤狱被平反，追谥"武穆"，后又追谥"忠武"，封鄂王。

　　为了纪念岳飞，我国许多地方都修筑了岳王庙，规模较大的有靖江、杭州、安阳汤阴、宜丰等地的岳飞庙。这些庙宇，寄托了人们对民族英雄岳飞的深切缅怀之情。

最早的岳庙靖江岳王庙

那是在北宋末期的1103年，在相州汤阴县的一个普通农家，一位妇人即将临盆。相州即现在的河南安阳。相传这个孩子出生的这天，有大禽若鹄，飞鸣于室上，父母因此给他取名岳飞，字鹏举。

■岳飞练箭壁画

■岳飞收复建康

岳飞少年时为人寡言，常负气节，喜读《左氏春秋》、《孙吴兵法》等书。为了进一步探究书中的奥秘，岳飞拜师学习骑射和刀枪之法，练就了一身武艺，堪称"一县无敌"。

后来，岳飞投军从戎。在军中，岳飞目睹了外敌入侵后家乡人们惨遭杀戮、奴役的情形，心中愤慨，意欲随军出征抗击外侵。

岳飞的母亲姚氏是一位深明大义的妇女，他看到儿子每天愁眉不展的样子，一下子就明白了儿子的心意，他积极勉励岳飞"从戎报国"，还为岳飞后背刺上"尽忠报国"四个字为训。岳飞牢记母亲教诲，忍痛别过亲人，投身抗敌前线。

在军中，岳飞的勇敢和武艺很快就得到用武之地。为了更好地抵御外敌，岳飞组建了"岳家军"，并率领"岳家军"同敌军进行了大小数百次战斗，所

《左氏春秋》
即《春秋左氏传》简称《左传》，相传是春秋末年鲁国史官左丘明根据鲁国国史《春秋》编成，全书绝大部分属于春秋时的大事件，但全书的完成已经进入战国时期。这些都说明《左传》与《春秋》的密切关系。《左传》既是我国古代史学名著，也是文学名著。

■岳家军蜡像

岳家军 南宋初
年由岳飞领导的
抗金军队。这支
军队以牛皋、董
先各部义军为主
干，后陆续收编
杨幺等农民军部
众，吸收山东两
河忠义社梁兴、
李宝等，汇成大
军。军队纪律严
明，训练有素，
号"冻死不拆
屋，饿死不掳
掠"，金人有
"撼山易，撼岳
家军难"之语。

向披靡。

岳飞反对主和派秦桧等人的消极防御战略，主张黄河以北的抗敌义军和宋军互相配合，夹击敌军，以收复失地，夺取抗敌斗争的最终胜利。由于岳飞等人的坚决抵抗，金兵在无力攻灭南宋的情况下，准备与宋议和。南宋朝廷中的主和派乘机开始打压手握重兵的将领，尤其是坚决主张抗敌的岳飞和韩世忠二人。此时的金国将领金兀术更是惧怕岳飞，在给南宋大臣的书信中说"必杀岳飞，而后和可成"。

此时的宋高宗赵构，为保南宋朝廷能够偏安一隅，在一天内连发12道金牌，急诏岳飞回师。后来，岳飞以"莫须有"的"谋反"罪名，与长子岳云和部将张宪同时被害。

岳飞回师的消息传出时，中原的百姓们都对岳飞依依不舍，不忍他离去，同时还担心岳飞走后金兵再

犯，让他们再一次陷入水深火热的境地当中，所以就
想和岳飞一起离开中原。

　　岳飞爱民如子，不忍心拒绝他们的要求，于是就
带着靖江的难民一同南下。当岳飞带着难民经过千里
迢迢的艰苦跋涉，来到扬子江边的靖江时，他彻夜难
眠，起身踱出帐篷，借一弯冷月察看四方。

　　靖江原称马驮沙，又名骥江、骥渚、马洲、牧
城，约成陆于三国时期。成陆前仅一孤山屹立江中，
后因海潮逆江，泥沙沿孤山之麓积聚而成陆地。

　　岳飞见靖江一带负江阻海，襟越衔吴，确是一方
要地；虽然荒草萋萋，却有山有水，宜粮宜桑，分明
是大江怀中的一颗明珠。欣喜之下，心中已有盘算。

　　第二天，岳飞召集百姓，对大家说："你们不要
南下了，就在这里落脚谋生吧。别看它眼下荒芜，将
来定是鱼米之乡。我愿这里八百年无水灾，八百年无

■重建的岳王庙

满江红 词牌名。又名《上江虹》、《念良游》、《伤春曲》。宋以来始填此词调。其格调沉郁激昂，前人用以发抒怀抱，佳作颇多。传唱最广的是岳飞的《满江红·怒发冲冠》。词中"三十功名尘与土，八千里路云和月"及"莫等闲，白了少年头，空悲切"更是经典。

旱灾，八百年无兵灾！"

岳元帅的话鼓励了众百姓，从此，百姓们便在这里安家落户，繁衍生息。在这批避难的中原百姓中，朱、刘、陈、范、马、陆、郑、祁这8个大姓氏，就是靖江最早的居民。

岳飞要走了，老百姓紧紧相随，送了一程又送一程，一直送到了江边的一座桥头才不得不停住了脚步，这座桥后来被命名为"望岳桥"。

岳飞脱下了身上的白袍留给老百姓作纪念，后来百姓为了怀念岳元帅，希望岳元帅长生不老，就建成了供奉白袍的白衣堂，再后来又建造了一座生祠。

早先的岳王庙始建于何年何月已无从考证，它既无流金殿宇，也无巍峨楼阁，与民宅、田畴相依。庙外庄稼生长，庙内饭菜飘香，这多么像一幅经远的民俗风景画，寓示着岳元帅根植民众，又昭示靖江人知

■重建的岳王庙碑廊

恩图报的淳朴品质。

庄严岳庙经历了近千年的风雨仍
然不屈地屹立着，屡毁屡建，流传下
来的弘毅园内的岳庙已是有史记载以
来的第四次重建。

保存下来的岳庙为重建后的宋式
建筑，从望月桥上看过去，整个岳庙
就像一本厚实庄重的历史大书，等待
着人们打开阅读。

推开岳庙大门，岳庙大殿直扑眼
帘，庄严威武之气油然而生。大殿是
岳庙的灵魂和中心。穿过绿树鲜花相拥的甬道，门厅前抱柱楹联历历
在目。其中有一幅对联出自岳飞的《满江红·怒发冲冠》：

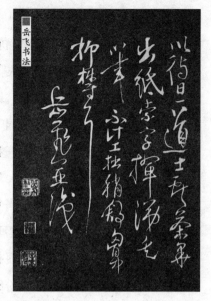

三十功名尘与土，八千里路云和月。

意思是说，三十多年来虽已建立一些功名，但如同尘土微不足
道；南北转战八千里，经过多少风云人生。表达了岳飞理想与现实发
生尖锐激烈矛盾时的心情。

在大殿内，正中端坐着岳飞坐像，红缨帅盔，紫袍金甲，足履武
靴，其神态英武逼人，但仔细端详，这英武神态中隐有一丝抹不去的
苦思与忧戚。是决战前的凝神，还是对百姓前程的焦虑？

据说这是我国唯一带有忧戚神态的岳飞塑像，这忧戚使岳飞元帅
更加真切、亲近，难怪靖江人们对岳元帅留下了如此鲜明的记忆，而
这些记忆经历了这么多年的风雨没有褪色，这本身就是一个奇迹。

在岳飞坐像上方，匾额上是岳飞的手书"还我河山"，笔势虎虎

生风，坐像背面就是那有名的《满江红》。坐像两侧是岳飞八裨将浮雕，岳云、牛皋等人栩栩如生，仿佛一直陪伴着岳元帅忧国忧民。

大殿的后殿为思岳轩，岳飞像碑位于正中，岳飞的朋友李纲和韩世忠手书的诗文石刻镶于外壁，回廊上岳飞手书的《前出师表》石刻铿然有声。再向前，"尽忠报国"四块石碑历经战火居然没有湮灭，现在仍嵌在庙门两边的墙壁上，这正应合元帅磨灭不了的爱国情怀。

穿过思岳轩，可看到岳庙大门上有后人书写的"岳庙"两字。出岳庙大门再往南行，就走到了当年父老乡亲挥泪送别岳飞的道路上，马铃叮当，铁甲摩擦的声音犹在耳边回荡。

岳元帅回临安后被以"莫须有"的罪名魂断风波亭。消息传到当时名为马驮沙的靖江，人们又纷纷走上了昔日送别元帅的桥上，遥望江南，泪雨纷飞，于是"望岳桥"又改名为"思岳桥"。

靖江的岳庙原为生祠，建于岳飞在世之时。闻名遐迩的岳飞故乡河南汤阴的岳庙、杭州西湖的岳庙，均在岳飞离世后兴建，因此，靖江的岳庙是天下最早的岳庙。

千古祭庙
历代帝王庙与名臣庙

阅读链接

岳飞背上刺有"尽忠报国"，历史上确有其事。《宋史·岳飞传》有记载，当岳飞入狱之初，秦桧等密议让何铸审讯。岳飞义正词严，力陈抗金军功，爱国何罪之有？并当着何铸面"裂裳以背示铸，有'尽忠报国'四大字，深入肤里"。其浩然正气，令何铸汗颜词穷。"尽忠报国"为什么后来误传成了"精忠报国"？这很可能和宋高宗有关系。

岳飞在对抗金兵入侵的战斗中，立下了赫赫战功，为了表彰岳飞，当时的皇帝宋高宗御赐了"精忠岳飞"四个字给岳飞，并做成了一面写有"精忠岳飞"的旗帜。以后凡是岳飞出征的时候，都会带上这面写有"精忠岳飞"的大旗。到了明清以后，"尽忠报国"就被人们传为了"精忠报国"。

寄托敬仰的杭州岳王庙

  1121年，人们为了纪念心目中的英雄岳飞，在西湖西北角的湖畔上建立了一座寺庙，供奉香火，名为"褒忠衍福禅寺"。明代天顺年间，褒忠衍福禅寺改额"忠烈庙"，后来由于岳飞被追封为鄂王而称

杭州岳王庙牌匾

■杭州岳王庙二门

天井 四面有房屋，或三面有房屋，另一面有围墙，或两面有房屋另两面有围墙时中间的空地。天井是南方房屋结构中的组成部分，一般设在单进或多进房屋中前后正间中间，两边为厢房包围，宽与正间同，进深与厢房等长。天井不同于院子，因其面积较小，光线被高屋围堵显得较暗，状如深井，故名。

"岳王庙"。

杭州西湖岳王庙经历代迭经兴废，仅存的墓、庙为清代重建格局，大致分为忠烈庙、启忠祠、墓园三部分。

墓园坐西向东，忠烈祠和启忠祠坐北朝南。岳王庙大门，正对西湖五大水面之一的岳湖，墓庙与岳湖之间，高耸着"碧血丹心"石坊，寄托炎黄子孙对爱国英雄岳飞的敬仰之情。

进入岳王庙，头门是一座二层重檐建筑，巍峨庄严，正中悬挂"岳王庙"三字竖匾。继而是一个天井院落，中间是一条青石铺成的甬道，两旁古木参天。

甬道长22.88米，直通忠烈祠大殿。两侧分别是东庑和西庑，东庑是祭祀烈文侯张宪的，西庑是祭祀辅文侯牛皋的，可惜都已移作他用了。

忠烈祠是岳王庙的主体建筑，有门楼、正殿各一，配殿二。正殿为重檐歇山顶，殿前庭园空旷，古木萧森。正殿重檐间悬挂着一块"心昭天日"横匾，大殿正门两侧和内廊柱上，镌刻着许多楹联，表达了后世人们对爱国英雄岳飞的无比爱戴，以及对昏君和奸佞的无限愤怒。

正殿约400平方米，殿内正面是岳飞的坐像，高4.54米。只见岳飞头戴红缨帅盔，身着紫色蟒袍，臂露金甲，足登武靴，右手握拳，左手按剑，双目正视，态度严正，英气勃勃，斗志昂扬，令人肃然起敬。岳飞生前是无资格穿蟒袍的，因后封鄂王，所以身着蟒袍。

在坐像上端，悬挂着岳飞手书"还我河山"四字横匾，它是这位民族英雄毕生为之奋斗的目标。此时此刻，不禁令人想起当年岳飞和他高吟《满江红》的英雄气概。在"还我河山"横匾的左右两边各悬一块"碧血丹心"与"浩气长存"横匾，全部都是岳飞的手迹。

大殿后面的墙上绘有后世创作的八幅大型彩色壁画，忠实地记录了这位民族英雄气壮山河的一生。

第一幅是《勤奋学习》，描绘了岳飞自幼好

蟒袍 又被称为花衣、蟒服，因袍上绣有蟒纹而得名。蟒非龙，爪上只有4趾，而皇家之龙5趾，所以4趾龙为蟒。古代官员的礼服，上绣蟒。妇女受有封诰的，也可以穿。在古代，蟒袍加身，是大夫们的最高理想，即意味着位极人臣，荣华富贵。

英雄祭祀

岳王庙

■ 杭州岳王庙正殿岳飞塑像

学，喜读《孙子兵法》等书，爱听历史英雄人物故事，少年时就能拉开300多宋斤的强弓。他先向陈广习武，后跟周侗学射，练就奋勇杀敌的本领。

第二幅是《岳母刺字》，描绘了岳飞早年丧父，全仗母亲抚育。靖康之变，金兵入侵，徽、钦二帝被俘，北宋灭亡。岳母送子参军，临行前，岳母为了让岳飞牢记爱国家、爱人民，在岳飞背上刺下了"尽忠报国"四字。

第三幅是《收复建康》，描述了1129年冬，敌人大举南侵，岳飞率部移驻宜兴。第二年春，岳飞从宜兴出击迎战，连战连胜，斩敌数千，缴物万件，一举收复建康。

第四幅是《联结河朔》，描绘并向我们传达岳飞注重团结抗金力量的方针。1132年，岳飞制定了联结河朔忠义民兵共同抗金的方针，各路民兵先后投归，

■岳王庙大殿壁画

■杭州岳王庙忠烈祠

成了"岳家军"的骨干和主体，在抗金战场上发挥了重要作用。

第五幅是《还我河山》，讲的是1133年岳飞任江南西路舒蕲州制置使，从临安返江州途中，登高远眺，北望故土，激情满怀，无限感慨，写下了"还我河山"四字，抒发了驱逐金兵、收复失地的壮志。

第六幅是《郾城大捷》，描绘了1140年七月，金兀术调集精兵，以"拐子马"阵向郾城大举进攻。岳飞出城迎战，全军将士手持刀斧，冲入敌阵，上斩敌首，下砍马足，敌军大败，狼狈溃逃，"岳家军"乘胜追击，先锋部队直达朱仙镇，距汴京22.5千米。"岳家军"凯旋，百姓敲锣打鼓欢庆祝捷。

第七幅是《被迫班师》，画中描绘了在1140年岳飞北伐正取得重大胜利的时期，宋高宗赵构决定求和，与秦桧共同策划，一日内连下12道金牌，岳飞扼腕而泣，仰首悲叹"十年之功，毁于一旦"，被迫班师。归途中，中原父老遮道恸哭，诉苦拦师。

第八幅是《风波冤狱》，描绘宋高宗和秦桧在加紧求和的同时，阴谋陷害岳飞。他们收买叛徒，制造"谋反"证据，以"莫须有"之

鹤 寓意延年益寿。在古代是一鸟之下，万鸟之上，仅次于凤凰，明清一品官吏的官服编织的图案就是"仙鹤"。同时鹤因为仙风道骨，为羽族之长，自古就被称为是"一品鸟"，寓意第一。鹤代表长寿、富贵，据传说它享有几千年的寿命。鹤独立，翘首远望，姿态优美，色彩不艳不娇，高雅大方。

罪，诬陷岳飞下狱，将岳飞陷害于临安大理寺狱中的风波亭，酿成了千古奇冤。

大殿顶上的天花板，绘有"百鹤图"。图中300余只姿态不同的白鹤，飞翔于苍松翠柏之中，象征着岳飞的浩然正气和坚贞的性格。

正殿西面有一组庭园，入口处有精忠柏亭，这个仅剩半个的亭子，民间有喻意南宋只有半壁江山之说。亭内陈列八段柏树的化石，据传是生长在风波亭畔的一株大柏树。

岳飞在风波亭被害后，这株柏树也跟着枯萎，变为化石，僵而不倒达600余年。后人把这些化石聚集起来，建亭陈列，让它永远陪伴着岳飞的忠魂。

其实，这几段化石并不是南宋古柏，是一种松柏科植物的化石，其年龄要比南宋古柏大得多，约在1.2亿年以上，古生物学上称为"硅化木"。如果

▧ 杭州岳王庙岳飞纪念馆

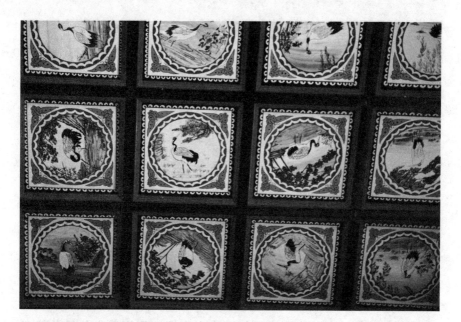

■杭州岳王庙百鹤图

细心观察，还会发现柏树化石都没有树皮，十分光滑。这些柏树化石在后世还留有一段传说呢！

相传太平天国起兵反抗清朝政府，攻入杭州后，不少士兵突然生起病来，由于请医无效，很快传染到全军。忠王李秀成十分着急，但又苦思无计，不觉伏案昏昏睡去。在朦胧中，一阵阴风过后，只见案前站着一位头戴金盔、身穿白袍的威武将军，只说了"若要兵将身痊愈，请上风波取树皮"两句话，用力一推，李秀成惊醒过来。

李秀成回忆梦中的场景，立即派人往风波亭取来树皮熬药，众将士喝了以后果然药到病除。不久，清军也得了同样的病，争先恐后地取来树皮熬药，结果当然是越喝病越重了。所以，老百姓高兴地说："是岳老爷又显圣了"。这些都反映了人们对岳飞的仰慕之心和怀念之情。

李秀成（1823年—1864年），初名李以文。太平天国时期的著名将领。天京变乱后，他被洪秀全封为"万古忠义"的忠王，他在太平天国后期衰弱的形势下，在军事上连连获胜，中兴了太平天国，李秀成也成为太平天国后期的顶梁柱。

■杭州岳庙启忠祠

忠烈庙西侧旧为启忠祠，祭祀岳飞父母及其五子，分别为岳云、岳雷、岳霖、岳震、岳霆，以及五媳玉女银瓶。

庭园南北各有一条碑廊，共陈列了碑石125方。北廊是岳飞手书的墨迹刻石、奏折、表章等，最为著名的是《满江红·怒发冲冠》词和岳飞录写的前、后《出师表》等。

南廊为历代名人凭吊岳飞诗词和岳庙历次重修的历史文献。其中明代书画家文徵明尖锐地指出宋高宗是谋杀岳飞的主谋。

院落东面照壁上，有"尽忠报国"四个朱红大字，是明人洪珠所书。请注意这个国字恰恰少了一点，是当时南宋国土尚不完整，所以洪珠才故意漏写了这一点。另外，这"国"字也非错别字，它是我国书法艺术上一种为顾全言语字构架的常见写法。

奏折 清代官吏向皇帝奏事的文书，因其用折本缮写，故名"奏折"。也称为"折子"。其页数、行数、每行的字数，皆有固定格式和要求。它始用于清顺治年间，以后普遍采用，清康熙年间形成固定制度。至清亡废止，历时200余年。

庭园中间有一石桥，名为"精忠桥"，过精忠桥便是墓阙，造型古朴，是后来在重修时按南宋的建筑风格造的，墓阙边上有一口井，名"忠泉"。

进墓阙重门就是岳飞墓园，在忠烈祠的西侧，墓道两侧有石马石虎石羊各1对，石俑3对，正中便是岳飞墓，墓碑上刻着"宋岳鄂王墓"，左边是岳云墓，墓碑上刻着"宋继忠侯岳云墓"，两墓保持宋代的式样。

继忠侯是宋灵宗于南宋嘉定四年，即1211年追封的，恰逢岳云被害70周年，岳云是岳飞的长子，12岁随父参军，作战勇猛，数立奇功，勇冠三军，但是最终也和张宪一起被害杭州众安桥，年仅23岁。

墓道两旁陈列三对石刻翁仲和两组牺牲，这最早起源于周礼，说是要驱赶一种叫"方良"的动物，唯有种柏树和竖老虎才能达到目的。到了秦代有一位将军叫作阮翁仲，打仗所向无敌，人们为了借助他的勇猛用于守候墓地，所以墓地上才有了石翁仲。

民间还有种说法，马、羊、虎、狗分别表示忠、孝、节、义。岳

■杭州岳王庙岳飞墓

飞具备前三项，但因为他曾镇压过农民起义，故岳飞墓前缺少代表义的狗，看来是千秋功罪自有后人评说，而实际上封建礼制历来有森严的封建等级制度，岳飞墓地的石人石兽是完全符合宋代仪规的。

墓前还有一对望柱，上刻有一副对联：

正邪自古同冰炭，毁誉于今判伪真。

墓阙下有四个铁铸人像，反剪双手，面墓而跪，即陷害岳飞的秦桧、王氏、张俊、万俟卨4人。

每年的3月24日岳飞诞辰这天，岳飞的后裔和附近的百姓就会聚集在岳王庙，共同缅怀先烈的英魂。

后来，岳氏后裔向杭州岳王庙捐赠一尊紫砂岳飞塑像，塑像采用宜兴丁山黄龙山紫砂研制而成，型体高75厘米，宽73厘米，厚29厘米，重达约100多千克，伴随着岳飞常守在西子湖畔。

岳飞抗金救国的功绩是永存的，尤其是岳飞的爱国主义精神将千秋万代流传下去。

阅读链接

岳飞是历史上有名的孝子。岳飞把母亲姚氏接到军营中后，侍奉唯恐不周，每晚处理好军务，便到母亲处问安。当母亲生病时，岳飞亲尝汤药，跪送榻前，连走路都微声屏气而行，生恐吵扰了母亲的休息。凡遇率军出征，必先嘱咐妻子李娃，好好侍奉母亲。

岳母病故时，岳飞与长子岳云赤足亲扶灵柩近千里，自鄂州归葬于江州庐山。岳飞认为："若内不能克事亲之道，外岂复有爱主之忠？"可见他的孝心。

岳飞家乡汤阴的岳王庙

    岳飞出生于河南安阳汤阴，20岁从军，率军抗击金兵，六战六捷，让金兵心惊胆寒。后来被投降派以"莫须有"的罪名杀害于杭州。家乡人民对岳飞寄予了无限的敬仰之情，就在安阳汤阴为岳飞建

汤阴岳王庙精忠坊

■汤阴岳王庙正门

推官 我国古代官
名。唐代始置，
于节度使、观察
使、团练使、防
御使、采访处置
使下皆设一员，
位次于判官、掌
书记，掌推勾狱
讼之事。宋时三
司下各部每部设
一员，主管各案
公事；开封府所
属设左、右厅，
每厅推官各一
员，分日轮流审
判案件。

立了一座祠堂，称为"精忠庙"，也称"宋岳忠武王
庙"，但是人们更加喜欢将之称为"岳王庙"。

安阳汤阴岳王庙坐北朝南，外廊呈长方形。临街
大门为精忠坊，是一座建造精美的木结构牌楼，斗拱
形制九踩四昂重翘。

精忠坊之正中阳镂有明孝宗朱祐樘赐额"宋岳
忠武王庙"。两侧"八"字墙上用青石碣分别阳刻
"忠"、"孝"两个大字，为明万历年间彰德府推官张
应登所题，字高1.8米，遒劲端庄，格外醒目。

穿过精忠坊，便见山门前并排跪着五个铁像，是
秦桧、王氏、万俟卨、张俊和王俊。五个跪像铸于明
正德年间，均是蓬首垢面，袒胸露脐，反缚双手，面
目可憎。人们痛恨这五个背叛民族，陷害忠良的奸
佞，将他们铸成铁像，长跪岳飞庙阶下，面皆朝北，
与大殿中的岳飞塑像面面相对。

山门对面，五个跪像之后，是施全祠。施全祠明

柱上的楹联是：

> 蓬头垢面跪阶前，想想当年宰相；
> 端冕垂旒临座上，看看今日将军。

这幅对联充分表达了人们的爱与恨，敬与憎。山门坐北朝南，三开间式建筑，两侧扇形壁镶嵌有滚龙戏水浮雕，门前一对石狮分踞左右，古朴庄严。

山门檐下一排巨匾，上书"尽忠报国"、"浩然正气"、"庙食千秋"三块巨匾，是书法家舒同、楚图南、肖劳的手迹。明柱上嵌有魏巍撰写的楹联：

> 存巍然正气；
> 壮故乡山河。

施全祠面阔三间，内悬"宋义烈将军施全祠"横

宰相 我国古代最高行政长官的通称。"宰"的意思是主宰，商代时为管理家务和奴隶之官；周代有执掌国政的太宰，也有掌贵族家务的家宰、掌管一邑的邑宰，实已为官的通称。"相"，本为相礼之人，字义有辅佐之意。宰相连称，始见于《韩非子·显学》，但只有辽代以其为正式官名。

■汤阴岳王庙跪像

■汤阴岳王庙正殿

匾。后壁上镶嵌着"尽忠报国"四个1.6米见方的朱红石刻大字。

后来又铸施全铜像于内，施全身着铠甲，手举利剑，怒目握拳，对祠前秦桧等奸党呈镇压之势。施全像左侧，为宋义士隗顺像。

在山门内有道仪门，是1825年经过重修之后保存下来的。仪门有三拱，中门两侧置有抱鼓。仪门前两道高大的碑墙把这里辟为东西两个小院，这里古柏苍劲，碑碣林立，东有肃瞻亭，西有觐光亭。

院中各有亭子一座，东面曰"肃瞻"，西面曰"觐光"。在林立的碑刻中，有明清帝王谒庙诗篇，有明代重修扩建古庙胜迹的纪实，更多的是历代文人学士颂扬英雄的诗词歌赋。历代诗词歌赋石刻尚存近200块。

穿过御碑亭，便是岳庙的主体建筑正殿。该殿面阔五间18.30米，进深三间11.60米，斗拱型制为五

施全（？—1156年），南宋义士，因刺秦桧而闻名于世。施全是岳飞的结义兄弟，武艺不高，然甚是忠勇。岳飞被害后，于临安众安桥刺杀秦桧失败，被杀。后追封众安桥土地。杭城十五奎巷之中有施将军庙，供奉的就是忠心耿耿的施全将军。

踩重翘重昂，硬山式建筑，高10米。总体来看体态稳重，气势恢宏。

殿门楣上悬有五块巨匾，分别是"乃武乃文"、"故乡俎豆"、"忠灵示泯"、"百战精威"、"乾坤正气"。其中"百战神威"和"忠灵未泯"为清帝光绪和太后慈禧所题。

正殿中央为岳飞彩塑坐像，高丈余，英武魁伟，正气凛凛。岳飞塑像上方所嵌草书"还我河山"贴金匾额为岳飞所书，其字雄浑激昂，洋溢着岳飞对收复失地的壮志豪情。坐像两侧镶嵌中国人民解放军张爱萍将军题写的楹联：

朱仙镇血战丧敌胆，风波亭长恨遗千秋。

正殿的四周墙上，悬挂着许多著名书画家颂扬岳

门楣 指古代社会正门上方门框上部的横梁，一般都是粗重实木制就。我国古代按照建制，只有朝廷官吏所居府邸才能在正门之上标示门楣，一般平民百姓是不准有门楣的，哪怕你是大户人家，富甲一方，没有官面上的身份，也一样不能在宅门上标示门楣，所以门楣是身份地位的象征。

■汤阴岳王庙碑亭

千古祭庙

历代帝王庙与名臣庙

飞的书画墨宝。大殿两侧的东西庑中，为岳飞史迹陈列室。

在正殿的西北隅，是岳飞生前的部将祠，祠中立有牛皋、杨再兴等岳飞的一批得力部将塑像，生动地再现了他们生前的英武形象。

张宪祠面阔三间，内塑张宪持枪戎装像，壁间陈列有张宪生平事迹简介和表现其"陈州大捷"、"陈词斥奸"的版面。

岳珂祠位于正殿东北隅，面阔三间。祠内有岳飞孙子、岳霖第三子岳珂塑像。壁间陈列有岳珂的著作部分章节、生平简介及展现其著书辩诬的版面。

五贤祠祠内有周同，宗泽，韩世忠及其夫人梁红玉，何铸的塑像，他们或师或友，或仗义执言，都是岳飞一生经历中的重要人物。

在大殿的后院，是寝殿、岳云祠、四子祠、岳珂

■ 汤阴岳王庙正殿岳飞塑像

祠、孝娥祠、三代祠等。

寝殿面阔五间，进深两间。殿内原塑有岳飞和夫人李氏的塑像，在后来进行修复时，内增塑"岳母刺字"组塑而改为贤母祠。

贤母内四周壁间镶嵌有岳飞手书"出师表"、"满江红"、"墨庄"、"还我河山"、"宝刀歌"等碑刻及后人歌颂岳飞书法赞词的碑碣近70块。

寝殿上方悬有著名书法家商向前、沈鹏等题写的匾额和魏传统的楹联，内陈列着著名的书法珍品《出师表》石刻，有刻石140余方。

在贤母祠前东庑是岳云祠，面阔三间。祠内有岳云手握双锤戎装披挂塑像。壁间有岳云生平事迹简介和反映岳云攻占随州，大战颍昌的版面陈列。

贤母祠西庑是四子祠，面阔三间。祠内有岳飞次子岳雷，三子岳霖，四子岳震，五子岳霆塑像，两侧

岳珂（1183年—1243年），字肃之，号亦斋，晚号倦翁，相州汤阴人。岳飞之孙，岳霖之子。南宋文学家。历光禄丞、司农寺主簿、军器监丞、司农寺丞。宋宁宗时，以奉议郎权发遣嘉兴军府兼管内劝农事，有惠政。自此家居嘉兴，住宅在金佗坊。

壁间挂有四子木刻像、简介及岳霖为父兄昭雪的记事。

贤母祠西北隅是孝娥祠，面阔三间。祠前有卷棚抱厦，祠内有岳飞之女孝娥蜡像。

孝娥原名岳银瓶，是岳飞的小女儿，性情刚烈，听闻父亲遇害之后，就想要奔赴朝廷进行申辩，但是因为受到阻碍而没有取得半点儿结果，于是抱着银瓶投井而死，人称"银瓶小姐"，又因其死于父难，后人称为"孝娥"。

三代祠位于岳飞庙的东北隅，是一独立庭院。主殿面阔三间，进深两间。祠内供奉岳飞曾祖父母、祖父母和父母三代的牌位。岳飞的曾祖父叫岳成，曾祖母杨氏；祖父叫岳立，祖母许氏；父亲叫岳和，母亲姚氏。

在我国乃至于全天下，岳飞都是一位彪炳千秋的民族英雄，他那同仇敌忾、"精忠报国"的故事世代相传。而岳飞家乡汤阴的岳王庙，为世人展现了他的重要的历史功绩。

千古祭庙

历代帝王庙与名臣庙

阅读链接

岳飞虽是武将，但他文采横溢，有儒将风范。他的文才自不必说，数十首诗词足以说明。他爱好读书，书法颇佳，时人称"室有邺架"、"字尚苏体"。他还喜欢与士子文人交往，"往来皆高士"他是寂寞英雄，满腔抱负，无人赏识，"欲将心事付瑶琴"，却无奈，"知音少，弦断有谁听？"他写的《小重山》不似《满江红》那样豪情万丈，可却是借琴弦抒发着心中无言的呐喊。

岳飞的一生，为南宋抗金，浴血沙场，赤胆忠心，不为功名，只希望可以得遇明君，慰藉平生寂寥。

赣西九岭山宜丰的岳王庙

那是在1130年左右，岳飞偕长子岳云率"岳家军"数度转战于江西西部北九岭山脉南麓的宜丰，征伐金兵将领补颜铁木尔、马进等。岳飞把军队驻扎在仅距宜丰东门500米处。

岳飞画像

宜丰东门有一座建于当时的楼阁，称为"宝书楼"。楼阁高15米，宽11.4米，是石木结构的两层重檐楼阁，楼有前后两进，前厅有四个石头圆柱支撑牌坊，内厅有四方石柱支起木楼。

在当时，岳飞经常利用歇战间隙带着岳云及亲信巡视乡村，体察民情。有一天在巡视的过程中，岳飞忽然

洪州 多用于地名，古时江西南昌、河南辉县分别称洪州。公元前203年，汉高祖刘邦命颍阴侯灌婴驻守南昌一带，灌婴率部在今皇城寺附近修建了一个方圆十里又84步、辟有六门的土城，时人称之为灌城，系南昌建城的开始。宋代开宝年间复名洪州，天禧年间属江南西路，隆兴年间为隆兴府。

看到不远处的一座民房前，一位老妇正抱着一个昏死过去的六七岁的男孩呼天号哭，忙上前查看原委。

原来，此地连年遭敌骚扰，田地多半荒芜，加上这一年遭受干旱，所种有限的一点庄稼几乎绝收，众多百姓忍受饥荒，靠啃树皮、吃观音土等充饥。

这对相依为命的祖孙俩已经两天粒米未进，好心的邻居大婶见这孩子饿得可怜，便省下一个小饭团拿给孩子。懂事的孩子谢过大婶之后，转身回家执意将饭团让给奶奶吃，奶奶不接受，祖孙俩就这么相互推让，谁也不肯吃，不久体弱的小男孩饿晕了过去，右手还紧紧握着这个小饭团。

岳飞听了祖孙俩的遭遇，既感动更痛心，立即命随从从帐营里端出稀饭给祖孙二人充饥，并送给她家一袋粮食。

■岳飞父子墓

岳飞想到还有这么多黎民百姓忍受着饥饿的煎熬，而军中粮食也朝不保夕，便遣岳云即刻赶往洪州运来大批粮米，在宝书楼附近架起大锅，煮粥给广大饥民充饥救急。

随后，岳飞又命令官兵利用战余时间带动和帮助百姓挑水补种秋粮，使当地渡过了饥荒难关。获得收成的当地百姓也自发在宝书楼施粥劳军，以报答岳家军在饥荒时期的救难之恩，于是宝书楼便被当地百姓改称为"施粥亭"。

岳飞参花图

后来，宜丰人们为了怀念岳家父子为新昌"御灾捍患"的功德，就在县城立岳王庙以祀之。

宜丰岳王庙原坐落在宜丰县城东郊，始建于南宋，1508年首次重修，1529年夏又重修，1670年再次重修。

重修之后的宜丰岳王庙为砖木结构，前有门厅，中有广坪，两侧有环廊，后栋五间。大厅宽15米，总长39米，宽32米，建筑面积1248平方米。

宜丰岳王庙为红墙绿瓦仿古建筑，庙门立有石狮一对，庙内有精忠祠，前置石马两座、石人像四座，石狮、石像均为明代天启年间之物。中场辟有放生池。规模较旧庙更为宏大。

石狮 用石头雕刻出来的狮子，是在我国传统建筑中经常使用的一种装饰物。在我国的宫殿、寺庙、佛塔、桥梁、府邸、园林、陵墓以及印钮上都会看到它。其造型并非我们现在所看见的狮子，可能是因为中土人士大多没有见过在非洲草原上的真正的狮子。但也有说法是西域狮与非洲狮体态不同的缘故。

■岳母刺字画

进入庙门，为一大影壁，上面书刻着岳飞的诗词《题骤马岗》。诗曰：

> 立马林岗豁战眸，阵云开处一溪流。
> 机春水潋犹传晋，黍秀官庭孰悯周。
> 南服只今歼小丑，北辕何日返神州。
> 誓将七尺酬明圣，怒指天涯泪不收。

骤马岗是江西一地名。清光绪年间刻本《江西通志》卷50《山川略》云："宋绍兴间，岳飞讨贼饮马于此。"此诗岳飞自题"四都碓上追曹成至此感吟"。"碓上"在宜丰桥西乡湾里村附近，此处有一蓝将军庙，祀岳飞的裨将蓝公。

相传这位蓝将军是岳飞的裨将，绍兴初年岳飞追

刻本 也就是版本类型。亦称刊本、椠本、镌本。均指雕版印刷而成的书本。我国雕版印刷术发明很早。唐代已经有雕版印刷的书籍流行。五代已由政府指令国子监校刻"九经"。至宋代，雕版印刷的书籍大盛。旁及辽、金、西夏，直至元、明、清，前后盛行1000余年。

曹成来到四都时，蓝将军手执令旗擂鼓督战，突然对方射来一箭，正中蓝将军心窝。

蓝将军为鼓舞士气，忍着剧痛，擂鼓不息，至死立尸于田间不倒。百姓挥泪感戴，建大庙奉祀他，民间并流传有"企石将军"的故事。

蓝将军庙后有一冈，叫战马冈，岳飞有感于蓝将军誓死杀敌的精神，在此地题诗一首。宜丰岳王庙在岳飞塑像左边塑有岳云像，右边则塑有中矢不倒的蓝将军像。

宜丰岳王庙放生池前，有一神奇的乌青石，炎暑时坐其上浑身凉爽。此石原在县城桂花村楼子上之龙须庙，形如鹅蛋，长1米余，传说岳飞曾坐憩其上。又传说该石是许真君镇龙时用的压水石。

此外，在岳飞庙中还有明正德年间云南按察司金

按察司 我国古代官名，是元朝、明朝、清朝三代设立在省一级的司法机构，主管一省的刑名、诉讼事务。同时也是中央监察机关都察院在地方的分支机构，对地方官员行使监察权。

115

英雄祭祀

岳王庙

■岳飞杀敌图

花岗岩 地壳主要组成岩石之一，是一种岩浆在地表以下凝结形成的火成岩，主要成分是长石和石英。其不易风化，颜色美观，外观色泽可保持百年以上，由于其硬度高、耐磨损，除了用作高级建筑装饰工程、大厅地面外，还是露天雕刻的首选之材。

事、邑人陈怀经所撰《新昌县新建宋岳鄂武穆王庙之碑记》、新昌教喻姚世所撰《重建岳王庙上梁文》碑刻各一块，异常珍贵。

岳飞在转战宜丰期间，在藤桥、桥西进行了两次大的战斗，这里一直都留有施粥亭、蓝将军庙、聚马岗、点兵坳、马踏石等近十处岳家军遗迹，民间流传着许多岳飞赈灾济困、安抚百姓的善举轶事。

在宜丰大姑岭大姑庙附近的小道旁，完好地保存着一块留有一道深陷马蹄状痕的花岗岩石。据传，这是岳飞率部转战宜丰期间，因其坐骑青龙驹受惊左蹄蹬石而留下的痕迹。

相传有一天，一路追剿敌军的"岳家军"行至大姑岭大姑庙附近时，已是傍晚时分。由于这一带地势险要，地形不熟，岳飞下令就地安营扎寨。

晚饭过后，岳飞顾不得一路行军劳顿，带上岳

■岳家军蜡像

云和几名亲信，步行到附近几户老表家中打探地势情况，了解百姓生活。

饱受金兵侵扰之苦的当地老表对岳家军大名早有所闻，又亲感岳元帅平易近人，治军严明，对百姓财产秋毫无犯，便将当地山形路况及所了解到的金兵活动习惯等情况和盘托出。

辞别百姓出来，岳飞跨上亲兵牵来的爱马青龙驹继续前行，一面实地察看地形，一面思索破敌之计。

此时，一轮满月已高高挂起，抬眼望去，远山、近树、岩石、涧流，无不沐浴在皎洁的月光下，间闻溪水潺潺，偶听百鸟惊起，好一幅美妙幽静的山涧夜景图。然而，岳飞哪有心情赏景？想到大好河山被金军侵犯，黎民百姓遭金兵践踏，而自己身负抗金重任，几天来却破敌不力。想到这，岳飞禁不住仰天一声长叹，两腿下意识用力一夹马背。青龙驹以为主人要冲锋陷阵，便一声长嘶，两前腿一跃而起，不想此时马的左后掌偏偏踩在了一块圆滑的石块上未立稳

碑刻 泛指刻石文字或图案。最早的碑刻文字，首推秦朝的"石鼓文"，多数的碑刻有毛笔写件蓝本或书丹上石。但有些摩崖石刻及石窟，往往不经书写而直接用刀在石面上雕琢。无底本的碑刻不容易揣摩书写的笔法，即使根据真迹上石镌刻，也常存在笔意走样。

岳飞和母亲塑像

脚，一受惊失去平衡，整个身子向左边山坎倾去。

说时迟，那时快！从思索中猛然惊醒的岳飞往右下用力一勒缰绳，机警聪明的青龙驹就势奋力踩下前腿，左前蹄重重地蹬在了路旁一块凸起的花岗岩石上，只听得"呼"地一声，顿见石块上火光四溅，青龙驹由此稳住了身子，却把一旁的随从人员，还有悄悄尾随目送岳元帅的几位百姓惊出了一身冷汗。

次日清晨，等到百姓们来看望岳元帅时，发现"岳家军"早已拔营前行。人们发现，头天晚上青龙驹失蹄之处的花岗岩石上，留下了一道深陷的马踏痕，惊叹不已。

阅读链接

岳飞不仅乐善好施，而且还经常化私为公，用自己的私家财产去补助军用。有一次，岳飞命令部下将自己家"宅库"里的所有物品，除了皇帝"宣赐金器"外，全部变卖，交付军匠，造良弓2000张以供军用。据史书记载："岳飞乐施踈财，不殖资产，不计生事有无。所得锡赉，率以激犒将士，兵食不给，则资粮于私廪"。

岳飞不但用自己的行动引导众人的价值观，还提出"文臣不爱钱，武将不惜命"的著名口号，希望能够改变当时爱钱贪财这一社会陋习。

名臣庙

在我国的历史上，尤其是唐宋时期，出现了许多经天纬地的治世之才，他们为国家倾献了自己的全部才智和生命。这些名臣上定国策，下抚百姓，勤勤恳恳，尽职尽责，为世人做出了表率。

唐代伟大诗人白居易，忧国忧民，关心普通老百姓；唐代宰相李德裕、宋代宰相李纲、赵鼎及宋代大学士李光、胡铨，也都是心系民生的良臣；以天下为己任的政治家范仲淹等，他们都在人们的心中留下了不可磨灭的形象。人们怀念他们，为他们建立祠堂，世代祭拜他们。

坐落在重庆忠州的白公祠

那是在公元818年冬，唐代大诗人白居易被皇帝任命为忠州刺史。白居易脱去司马青衫，换上刺史红袍，但是心情却不高兴。因为即将任职的忠州是一个偏远而荒凉的地方，自然环境十分险恶。

为了改善忠州这片土地上老百姓的生活，白居易劝农民努力生产，并且重新制定纳税法，减轻徭役、刑罚，违法乱纪的人渐渐变少了。

白居易勤政为民，以"救生民病"为己任。一天，他准备去城西的龙昌寺与清禅师探讨治郡之道，途中遇到一个年轻妇人抱着头破血流的孩子呼天抢地地痛

白居易画像

■忠州白公祠

哭，一个须发皆白的老者泪流满面地安慰着她。

白居易停下来问清缘由，原来老者带着女儿、外孙下山进城，外孙不小心跌落山崖身亡，当年这个地方已经摔死过好几个人了。面对伤心欲绝的父女，白居易热泪盈眶、心如刀绞，摸出三两银子叫他们好好掩埋孩子。

道别之后，白居易立即打道回府，一连几天茶不思饭不想，决定为民开路。老百姓纷纷捐钱捐物，有钱出钱，有力出力。在修路期间，白居易经常带着府吏到工地指挥、设计、查看，而且还在龙昌寺前的巴子台上栽柳、种竹、种花。

俗话说："人心齐，泰山移。"几个月后，一条100多级的"天路"竣工了，这就是远近闻名的白公路。忠州城男女老少都来庆贺，吹吹打打好不热闹。

820年，朝廷一纸诏书，白居易被提前召回长安

刺史 我国古代官职名。汉武帝时始置，"刺"，检核问事之意。刺史巡行郡县，分全国为13部，各部置刺史一人，后通称刺史。刺史制度在西汉中后期得到进一步发展，对维护皇权，澄清吏治，促使昭宣中兴局面的形成起了积极的作用。

■忠州白公祠牌楼

千古祭庙

历代帝王庙与名臣庙

员外郎 我国古代
官职之一，原指
设于正额以外的
郎官，有"定员
外增置"之意。
晋武帝始设员外
散骑常侍、员外
散骑侍郎，简称
员外郎。明清
时，此官职配置
于朝廷或地方之
辅助部门，品等
为从五品。清亡
后该职废除。

担任尚书司门员外郎。临走的时候，白居易恋恋不舍
特地到开元寺上方台阁题诗留念：

二年留滞在江城，草树禽鱼尽有情。

回到长安后，白居易总是惦记着忠州，甚至梦游
忠州。忠州人民崇敬他，把他同刘晏、陆贽、李吉甫
并称为"四贤"，在宋代修建了四贤阁以作纪念。

白居易惦记忠州，忠州人民也世世代代没有忘记
他，在他去世后的800多年之后，明代忠州知州马易
从敬重白居易，他深知白居易在忠州为官时深受民众
爱戴，遂倡议建祠祭祀。马易从在倡建白公祠的时候
曾期望：

后之君子，从而恢拓之，与巴山蜀水共长也。

于是，忠州人们于1630年在城西巴台旁为他建造了一座祠堂，今天的人们把它叫作"白公祠"。白公祠于清道光年间的1830年进行了扩建。

扩建之后的白公祠分为两级台地，临江依山而建，气势恢宏，门前一坡两丈有余的大石梯，左是参天大树，右为高耸的栈楼。

登梯之后便是白公祠的大门，大门为三楼四柱三间牌楼，匾额横书"白公祠"三个大字，两侧有一幅楹联：

遗泽被山川万民长忆贤刺史；
宏篇映日月百世同仰大诗人。

这幅楹联道出了万民心声。大门左右一对雄狮，为大门平添了几分威严。

123

名臣祭祀

名臣庙

■ 忠州白公祠白居易塑像

■忠州白公祠内景

进入大门，便见一半圆形莲池，满池绿水，生机益然，与园中花草相映成趣，小小莲池，给白公祠平添几分景致。当年白居易在此游览之后挥笔写下了《龙昌寺荷池》：

冷碧新秋水，残红半破莲。

从来寥落意，不似此池边。

进入白公祠西尽头，是一片珍稀木莲树林。木莲树生长山谷间，巴民也称呼为黄心树。大者高5丈，涉冬不凋，身如青杨，有白文，叶如桂，厚大无脊，花如莲香，四月初始开，自开至谢，仅20天，是白居易在忠州为官时最为钟情的树种。

在木莲树身上，白居易看到了自身命运的投影，因此题下三首绝句：

绝句 又称截句、断句、绝诗，四句一首，短小精悍。是唐代流行起来的一种诗歌体裁，属于近体诗的一种形式。绝句分为律绝和古绝。律绝是律诗兴起以后才有的，要求平仄。古绝远在律诗出现以前就有了。

如折芙蓉栽旱地，似抛芍药挂高枝。
云埋水隔无人识，唯有南宾太守知。

红似胭脂腻如粉，伤心好物不须臾。
山中风起无时节，明日重来得在无。

已愁花落荒岩底，复恨根生乱石间。
几度欲移移不得，天教抛掷在深山。

　　白居易感叹美丽而哀愁的木莲树，类同自己的生命状态。"云埋水隔无人识"，"天教抛掷在深山"，道出了他当时的心态。

　　进入大门右拐为"白园"，门联为"浮云不系名居易，造化无为字乐天"，其巧妙地嵌入了"白居易"的名和号，此联是白居易逝世时唐宣宗为其所作挽诗中的两句。

　　白园内建有洗墨池，白公铜像，东西两侧用花墙隔开，地势东高西低。南面房舍依坡而建，为船楼建筑，其中白居易生平展览室陈列着白居易的谱系、生活纪年，到忠州为官时的各项政绩。

　　醉吟阁为四柱三层楼，到此可凭栏远眺，这是一座结构复杂

■ 忠州白公祠汉阙
丁房阙

忠州白公祠内的华表

的亭阁，16根圆柱承托一个主楼和四个门楼，可供游人进出登高望远。

亭阁正下方是唐代龙昌寺遗址，这里山势高耸，得月最先，俯望长江如玉带，对岸青山茂林，修竹历历，坐在顺势而建的长廊里，习习江风拂面，凉爽宜人。后来由于兴建水库，散建境内各处的"国宝"汉阙、全部搬迁放置在了白公祠内。

"汉阙"是汉代存于世的唯一地面建筑，全国仅29座，忠县就有五座，占全国六分之一强，真是名符其实的汉阙之乡。

经过阙园拾级而上，便可见因水库修建而搬迁复建于祠内的明、清古建筑关帝庙、老官庙、太保祠。这三座古建筑均是忠县规模较大、保存较为完好的祠庙建筑。为后人追溯忠县忠义文化和悠久的历史提供了一个寻踪平台。

有琼台胜景之称的五公祠

五公祠位于海南海口琼山区国兴街道海府路，是海南人民为纪念唐宋两代被朝廷贬至海南的五位历史名臣而修建的纪念性供舍。始建于明万历年间，清光绪年间的1889年，雷琼道台朱采主持重修，后又多次修缮，现仍是熠熠生辉。

五公祠供奉的五位历史名臣是：唐代名相李德裕、宋代宰相李纲、赵鼎及宋代大学士李光、胡铨。他们万里投荒，不易其志，为海南岛的文化教育、经济的发展做出了不朽的贡献，所以海南人民历代建祠祭祀他们。

■海口五公祠里的李德裕塑像

■五公祠正门

朱采（1833年—1901年），字亮生，又字云亭，号冶仙，浙江嘉兴人，清末诗人，善工击技，明弈理。1833年任山西汾州知府，累官广东雷琼道，在雷琼道台任上主持重修了五公祠。著有《清芬阁集》12卷。

五公祠由观稼堂、学圃堂、五公精舍等组成，并和苏公祠、洞酌亭、粟泉亭、洗心轩、游仙洞、两伏波祠及其拜亭连成一片，占地面积6.6万平方米。

五公祠为楼阁歇山顶建筑，建筑风格有鲜明的海南地域特征，带有南洋建筑的痕迹，也深受岭南建筑的影响。是全面了解海南历史、政治、文化发展的名胜古迹，具有较高的艺术和历史价值。

五公祠正门悬挂着"五公祠"金字匾额，楼上挂有"海南第一楼"，落款署"光绪十五年嘉兴朱采"。两侧楹联写道：

唐嗟未造，宁恨偏安，天地几人才置诸海外；
道契前贤，教兴后学，乾坤有正气在斯楼中。

楼内大厅挂"安国危身"横匾，匾下供奉五公神位和展出五公史迹。楼内大厅圆柱挂两幅楹联，分别是：

只知有国，不知有身，任凭千般折磨，益坚其志；
先其所忧，后其所乐，但愿群才奋起，莫负斯楼。

于东坡之外，有此五贤，自唐宋迄今，公道千秋垂定论；
处南首级中，别为一郡，望烟云所聚，天涯万里见孤忠。

这些楹联惊天地、泣鬼神，正气浩然，雄姿勃发，充分表达了五公的高风亮节和刚正不阿的品质及精神。

五公祠建筑物古色古香，庭院内卵石铺路，古木参天，名花夹道，香气扑鼻，素有"琼台胜景"之称。祠内五公石雕栩栩如生，满面忧思。

清代雷琼道台朱采也是个诗人，他当时修建五公祠时增建了学圃堂和五公精舍，目的在于兴办学堂，讲学明道，发展文化教育事业。据朱采撰写的《五公祠记》记载：

右侧建学圃堂，聘海内硕儒讲学其中，又建横宅一连四间，名五公精舍，为学子研习之地，本道契五公，教兴后学之意。

■五公祠琼台胜境

■ 五公祠学圃堂

后来琼州道尹朱为潮在《重修五公祠记》记载：

> 五公精舍仿学海堂例，选全琼庠生，秀才三十名，研习经史词章之学，聘宁波郭晚香在学圃堂讲课。

朱为潮文中的"郭晚香"是浙江宁波人，晚清著名学者。朱采在增建学圃堂和五公精舍后，向当时任两广总督的张之洞推荐聘请郭晚香来海南讲学，郭晚香来琼时带来了8000多卷古版文献书籍，置于海南第一楼上，学圃堂就是郭晚香当时讲学的地方。

五公精舍和东斋分别是学生和老师的宿舍。两厢房均为素瓦红木建筑，典型明清风格。庭园内花木繁茂，四季凝荫，景色绚丽，环境幽静。

郭晚香病逝后，五公精舍称为藏书馆，珍藏着郭

两广总督 在清朝的正式官衔为"总督两广等处地方提督军务、粮饷兼巡抚事"，是清代封疆大臣中级别最高的，总管广东和广西两省的军民政务。两广设置总督在清代已成定制，总督作为封疆大吏的地位也已确立。

晚香的遗书。后来历经洗劫，图书所剩无几。后来学圃堂和五公精舍被政府重新修缮一新，陈列着海南部分文物，有明代禁钟、黎族古代铜鼓、宣德炉等，学圃堂中还陈列有汉代以来的铜钟和铜鼓等古文物。

五公祠左侧是观稼堂，原名为观稼亭，据《琼山县志》记载：观稼亭建于明万历年间的1615年，是一座六角飞檐大亭。"观稼"两字，寓意为：观浮粟泉水旺盛，灌溉金穗千亩之意。堂取此名，是为纪念苏东坡"指凿双泉"，造福桑梓乡里的丰功伟绩。

北宋绍圣年间的1097年4月，东坡被贬海南儋州。他在花甲之年偕小儿苏过从惠州起程到海口，借寓金粟庵。在金粟庵逗留其间，他发现当地百姓饮用河沟脏水，便实地勘察地下水源，并教导百姓凿井之法，并亲自"指凿双泉"，一泉名曰"金粟"，一泉曰"浮粟"，现金粟已毁，浮粟犹在。浮粟泉水味甘

苏东坡（1037年—1101年），苏轼，字子瞻，又字和仲，号东坡居士。宋代文学最高成就的代表之一，"唐宋八大家"之一。其文汪洋恣肆，豪迈奔放，与韩愈并称"韩潮苏海"；其诗题材广阔，清新雄健，善用夸张比喻，独具风格，与黄庭坚并称"苏黄"。有《东坡七集》、《东坡易传》、《东坡乐府》等传世。

■ 五公祠观稼堂

洌，泉水常冒水泡浮在水面如粟，故名"浮粟泉"。

观稼亭在明末清初时被毁，1704年琼州知府贾堂深感观稼亭对教化当地百姓黎民、思忆先贤丰功伟业具有异常深远的意义，便在旧址重建。1834年又经扩建，形成为当时海南最大的亭榭。据清人张育春撰写的《重修观稼亭记》记载：

> 亭前为平坂，旁泯清泉，有溪流一道，自东环流而西，
> 两旁绮丽交错，阡陌纵横，士大夫游息于此，比之裴中立绿
> 野堂，洵城北一名胜。

1889年，朱采在修建五公祠时，又重修了观稼亭，并改名为观稼堂。他在《五公祠记》中记载道：

> 五公祠左附观稼堂，循旧例藏琼崖历代名贤文物遗著。

自朱采重修五公祠后，观稼堂也就成为海南文人学子品茶赋诗与

■海口苏公祠

海口苏公祠内的苏东坡塑像

进行学术交流的地方。

苏公祠与五公祠毗邻，祠内陈列一批苏东坡诗词碑刻，祠前有碑坊、拱桥、荷池、风亭。

苏公祠是为了纪念苏东坡而建的，他北返之后，海南学子经常在他曾借寓过的金粟庵饮酒赋诗，进行学术交流，怀念这位"一代文宗"，久之便把该处题名为"东坡读书处"。元代在此基础上开设"东坡书院"，大书法家赵孟頫为之题匾。

东坡书院几经变迁，至明初毁废，但遗迹尚存。明万历年间的1617年，琼州副使戴禧在原址重建，并改书院为"苏公祠"，奉祀苏东坡与其子苏过。

清顺治、乾隆年间，又对苏公祠进行了重修，清光绪时期，朱采在修建五公祠时对苏公祠进行了较大规模的整修，并增建山门等建筑，因而苏公祠基本上都是清光绪年间建修的规模。

赵孟頫（1254年—1322年），字子昂，号松雪，松雪道人，又号水精宫道人、鸥波，中年曾作孟俯。元代著名画家，"楷书四大家"之一。能诗善文，懂经济，工书法，精绘艺，擅金石，通律吕，解鉴赏。代表作品有《赤壁赋》、《鹊华秋色图》等。

郡守 我国古代官名。郡的行政长官，始置于战国。战国各国在边地设郡，派官防守，官名为"守"。本系武职，后渐成为地方行政长官。秦统一后，实行郡、县两级地方行政区划制度，每郡置守，治理民政。

苏公祠山门口陈列的石雕是明代修建苏公祠时的原物，山门口悬挂明太祖朱元璋赞海南诗句"南溟奇甸"横匾。苏公祠正厅陈列着苏东坡及其子苏过和学生姜唐佐的牌位。大厅圆柱悬挂朱为潮所撰的楹联：

　　此地能开眼界；
　　何人可配眉山。

苏公祠的东面有琼园，园内有浮粟泉、金粟泉，以及琼园中的洗心轩和游仙洞等名胜。清著名金石家汪垢为浮粟泉撰联"粟飞藻思；云散清襟"，并将之镌刻在旁边。后又有人在"浮粟泉"匾下增刻了"神龙"两字。

浮粟泉历经近千年沧桑，从不枯渴，不论大旱或大涝水位都保持现状不变。传说取水之人只要在井旁用脚一跺，井底下如源源不断地冒出水泡，那么来年一定会财源滚滚，生活蒸蒸日上。

在很早以前，海府地区的财主和商人每到除夕都会到此踏上几脚，祈求来年生意兴隆，财源广进，并雇用人力或牛车把该水拉回家饮用。后来经研究发现，该水属矿泉水，含有多种人体需要的矿物质。

苏东坡"指凿双泉"之后，

■ 苏公祠内的浮粟泉

琼州郡守陆公品饮浮粟泉水后，赞其泉水甘甜，便在井泉旁建亭。后来苏东坡遇赦北返，再借寓五公祠的时候，陆公品邀苏东坡为亭命名和赋诗。

遇赦北返的苏东坡为此亭命名"洞酌亭"，并欣然命笔，即席写了《洞酌亭诗并叙》，告诉人们不要仅仅只是饮用这清泉，更重要的是要从中品出真味。

明代时洞酌亭被毁，清乾隆年间，琼州学使翁方纲在原址重建，清同治时期，郡守戴肇辰又

■苏公祠内的粟泉亭

整修该亭。洞酌亭基本上保留了清代修建时的风格。清代海南学者王国宪重刻的《洞酌亭诗并叙》陈列在五公祠碑廊里。

粟泉亭始建于1612年，在清代时被列为八景之一的"苏亭蘸翠"。粟泉亭历代有建修。

琼园是人们在扩建五公祠时增辟的一组园林古迹群，主要建筑有洗心轩与游仙洞。琼园两两字取："南溟奇甸，琼台胜境"之意。

洗心轩是一间亭榭式的古建筑，四周辟廊。正门走廊圆柱悬挂着清代琼州道尹朱为潮主持修建洗心轩时撰写的楹联：

一水可曾将耳染；
纤尘绝无上心来。

这幅楹联意义深远，它的来源包含着一个传说。据传朱为潮修建

■苏公祠内的洗心轩

道士 信奉道教教义并修习道术的教徒的通称。道士作为道教文化的传播者，又以各种带有神秘色彩的方式，布道传教，为其宗教信仰尽职尽力，从而在社会生活中，也扮演着引人注目的角色。道士之称始于汉朝，当时意同方士。在道教典籍中，男道士也称乾道，女道士则相应地称坤道。黄冠专指男道士时，女道士则相应地称为女冠。

琼园时，应如何规划，同僚众说纷纭，莫衷一是，使他对此一时难以下定主意。

有一天，朱为潮亲率同僚到实地勘察地形，众官又为此争论不休，加上正是酷热的响午时分，使得他烦躁不已。于是，他走到浮粟泉边，叫随从取水止渴，并用泉水洗脸清热。

突然间朱为潮感到大脑豁然一亮，琼园的规划在大脑中已清晰成形。他便决定在琼园建一中心建筑，并为之命名为"洗心轩"，以此告诉后人，在心烦意乱的时候，到此游一游，喝上一口清心爽口的浮粟泉水，心中所有的烦恼与杂念将远离而去。洗心轩在后代有多次重建，但是基本上保留了原有的风格。

游仙洞是根据民间传说用海南火山岩垒砌而成的人工假山。据说宋朝年间有一道士，自幼出家修道，修炼多年，总不能成仙得道。

有一天，道士在梦中见到一神仙点化说：大海中有一神龟，在你垂暮之年访得此龟，并在其首坐化，定能成仙。醒后，道士苦思不解其意，便决定外出云游寻访。

道士苦经10多年，踏遍了东南沿海，总遇不到梦境中的神龟。后来他来到雷州，听说苏东坡被贬在海南，便决定到岛上游一游，顺便结识和请教于这位大学者。

这天，当道士踏上这块神奇的荒岛时，顿然一悟，海南的地形正酷似他梦中的神龟，于是他便到儋州拜访苏东坡，请教龟首在何处。

经过几个月的交往，这位道士为苏东坡的博学所折服，而苏东坡也深被道士的精神与决心所感动，于是告诉他说：琼州地形似神龟，郡城琼山是龟首。道士便辞别了苏东坡来到琼山探访他梦中的龟首。

几经折磨，道士终于发现了五公祠正是他魂牵梦绕要找寻的地方，于是他便在游仙洞这地方结茅苦修。他的意志与决心感动了玉皇大帝，一天玉皇大帝派来了一位神仙把他引接到天界授予了神位。

因为这位道士是在此得道成仙，神游而去，为纪念这位道士坚韧

■苏公祠思贤

伏波将军 古代对将军个人能力的一种封号。"伏波"意为降伏波涛。汉武帝时，战事频仍，将军广置，第一位出任伏波将军的即汉武帝时候的路博德。历朝历代曾出现多位被授予伏波将军的人，最著名的伏波将军是东汉光武帝时的马援。

不拔的意志，朱为潮便在此建起了这座假山，并命名为"游仙洞"。

两伏波祠为纪念西汉的路博德、东汉的马援两位伏波将军而建，是海南较早的古迹之一。

海南最早建伏波庙是在宋代，位于城北3千米的龙岐村。明万历年间，琼州副使戴熹又在城西边的教场演武亭建"汉二伏波祠"。清代朱采在主持修建五公祠时，把汉二伏波祠迁建在五公祠内，并改名为"两伏波祠"，同时增建了拜亭，之后该祠有几次较大规模的重修。

路博德是我国汉代西河平周人，初拜右北平太守，汉武帝时期随霍去病征匈奴有功，被封为邳离侯。汉武帝元鼎年间，南越国发生内乱，并反叛汉王朝。公元前110年，汉武帝令路博德为伏波将军，领军出桂阳，下湟水，最后挫败越军，平定了南越的反叛。

为加强汉王朝对南越的管理，路博德把其地设置了儋耳、珠崖、南海、苍梧、郁林、合浦、交趾、九真、日南九郡，其中儋耳、珠崖两郡就在海南的儋州与琼山。路博德的南征其意义和贡献是极其深远和重大的。

■五公祠牌位

■ 两伏波祠

南越的平定为边疆的稳定和经济的发展提供了良好的社会环境；九郡的设置，确定了我国南方的版图，使封建中央政权开始对南疆的开发，促进了各民族之间的融合和发展。

马援是东汉开国功臣之一，我国历史上著名的军事家。他在汉光武帝刘秀统一天下之后，虽已年迈，但仍请缨东征西讨，西破羌人，南征交趾，北击乌桓，因功封新息侯。其"老当益壮"、"马革裹尸"的气概甚得后人的崇敬。

"两伏波祠"因山构筑，坐北向南，分三进，铜门、中厅、正殿按中轴线布局，经12级台阶及1个平台至祠门。祠高高耸立，居高临下，雄伟壮观。祠门匾额"伏波祠"三字，隶书，浑厚有劲，由全国书法协会副主席、著名书法家刘炳森重新题写。石联"东西辅汉勋名著，前后登坛岭海遥"，是清光绪年间兵

郡 我国古代的行政区划单位之一。始见于战国时期。秦统一天下设三十六郡，后汉起，郡成为州的下级行政单位，介于州和县之间。隋朝废郡制，以县直隶于州。唐朝道、州、县，武则天时曾改州为郡。明清称府。

部侍郎吴应栓撰并书。

进入大门有一天井，两边有古碑廊，有明清时期重修的碑及诗碑。再登上五级台阶至中厅有新碑廊。将已佚的诗碑补上并雕刻现代名人题词。

从中厅又经一小天井进入正殿，正殿硬山顶，面宽进深各三间，抬梁与穿斗混合梁架结构，石柱八角形，这些建筑都保留了清初建筑风格。正殿中间有木图，雕刻精致，金碧辉煌，阁内敬奉着汉代先后挥师岭南建立卓越功勋的两位伏波将军，路博德在左，马援居右。该祠大门、中厅、正殿沿梁下四周墙壁，都绘有壁画，山水花鸟、人物故事，琳琅满目。这是雷州民间泥水匠师的杰作。

在五公祠区，还保留着许多珍贵的文物，其中宋徽宗赵佶手书《神霄玉清万寿宫诏》碑，其"瘦金体"书法刚劲清秀，对研究道家学说和书法都有重要参考价值。著名清官海瑞的古唐诗书法，也很受人们的喜爱。

阅读链接

唐代名相李德裕被贬来琼有不少有趣的传说。相传李德裕为相时，一日夜里曾梦见一位老者对他说："七九之年我们将相会于万里外。"后来，李德裕果真客死在远离京都万里之外的流放之地海南。

关于李德裕之死也有这样的传说：850年年底，他到城南一小道院，遇到一位老道人挂一葫芦在墙上。贫病交加的李德裕便问其是否装有什么药物，老道人回答说："皆人之骨灰耳，自党朋之争，朝士被黜贬而死，贫道怜之，贮其骸灰于此，以俟其子孙来访。"当晚李德裕回寓所就心痛而死，终年63岁。

被后世保存完好的范公祠

在北宋端拱年间的989年农历八月初二，北宋武宁军节度掌书记范墉家里出生了一个小男孩，范墉给儿子取名为范仲淹，字希文。范墉先娶陈氏，继娶谢氏，范仲淹为其第三子。

范仲淹画像

范仲淹在2岁的时候，父亲病故了，为了生计，他的母亲谢氏带他改嫁到了山东淄州长山县的朱氏家中。长山县即现在的山东邹平县长山镇。

少年时代的范仲淹，在朱家经常受到虐待，他的母亲感到非常伤心，便把他护送到博山的荆山寺读书学习。在这里，他不分日夜刻苦学习，数年间不曾解开

■ 范公祠牌坊

衣服好好睡觉，有时候发昏疲倦，就用冷水冲头洗脸，经常连顿稀粥都吃不饱，每天要到太阳过午才开始吃饭，他不畏穷苦终成博学之人。

范仲淹从政后，在宋仁宗时担任右司谏，又与韩琦共同担任陕西经略安抚招讨副使，采取"屯田久守"方针，平定西夏李元昊的叛乱。后主持"庆历新政"，提出多项改革建议，使暮气沉沉的北宋政权开始有了起色，为后来的"王安石变法"奠定了基础。

范仲淹被贬后，曾捐助自家田地1000多亩，设立义庄，将地租用于赡养同宗族的贫穷人。他给义庄订立章程，规范族人生活。他去世后，他的二儿子范纯仁、三儿子范纯礼又续增规条，使义庄维持下去。

范仲淹设立的义庄以慈善为目的，建立在独立财产基础上，以财产运作来支持慈善，又具有相当的独立性。这些特点表明，范氏义庄可以被看成我国历史上一个初具雏形的基金会。

后人敬佩范仲淹的政绩和节操，便在他少年读书学习的地方建祠纪念。据《长山县志》记载，1065年，在同乡人知县韩泽的倡议并主持下修建了一座祠堂，命名为"范公祠"。

范公祠地处山东邹平境内长山镇城南，孝妇河畔的河南村，坐北面南，是一组以范泉为中心的古代建筑群。虽然这个地方建筑面积不大，但因高下相间，随势安排，布局合理，错落有致，确能给人以古色古香、古朴典雅之感。

范公祠左右分立"先忧"、"后乐"碑，门联是：

> 宰相出山中，划粥埋金，二十年长白栖身，看齐右乡贤，依然是苏州谱系；
> 秀才任天下，先忧后乐，三百载翰卿著绩，问济南名士，有谁继江左风流。

范仲淹的人生信条是"先天下之忧而忧，后天下之乐而乐"。这幅对联对范仲淹一生的经历和业绩作了全面的概括和评价。

范公祠大门

范公祠分前后两院，前院为大殿，后院为享殿。前院大殿采用歇山式建筑，灰砖青瓦，斗拱飞檐，殿内塑有范公坐像。

大殿前东西两侧，各植银杏1株，高达10丈。院内还有古槐三株，其中一株树老干空，老干内又生出一株新槐，枝叶繁茂，蔚为奇观，人称"怀中抱子"。

后院享殿雕梁画栋，茂林修竹，清静幽雅。享殿下有匾额两块，一为"长白书院"，一为"菜根味舍"。

范泉位于范公祠的中心，为秋谷群泉之冠。秋谷一带可称水乡，距范公祠不远，峨岭东麓有明末大臣张晓"香火院"，亦名"观音庵"，庵内有清泉，名"观音泉"，再南有"双泉"、"沙泉"等。以上诸泉皆已干涸，甚至遗迹无存，唯有范泉泉水涓涓不绝。

范泉池长6.7米，宽5.4米，深2.6米，四周有石栏为护，在东西栏板上均刻有篆书"范泉"两字。

范泉的泉水自底涌出，甘洌清澈，累累若贯珠，忽大忽小，忽聚忽散，满池珠矶，晶莹夺目，与济南的珍珠泉有异地同景之感。

范泉中泉水涌出后分三路，一路流入范公祠以南的因园，一路流

入范公祠以北的怡园，一路经过后乐桥流入博山城区沿街伏流。当时的范泉水体景观，可以说是美观至极，为范公祠平添了无限的风韵。

范泉的西面是影壁"山高水长"，它始建于明代，是范公祠中的重要文物之一。影壁为悬山式"一"字形石影壁，上覆石雕冠，下刻须弥石座，四周镶嵌石框，中间为石刻。

该影壁长3.5米，高2.3米，东面雕刻"山高水长"四个擘窠大字，泼墨作书笔走龙蛇，遒劲洒脱，它是明代淄川大书法家张中发于明天启年间的1625年书法杰作。

根据史料记载，当时的大书法家张中发邀请亲朋好友到范公祠游览名胜贤址，触景生情，深为范公"先天下之忧而忧，后天下之乐而乐"的高风亮节所感动。

张中发在酒足饭饱之后，仍念念不忘范公的高

影壁 也称照壁，古称萧墙，是我国传统建筑中用于遮挡视线的墙壁。影壁也有其功能上的作用，那就是遮挡住外人的视线，即使大门敞开，外人也看不到宅内。影壁还可以烘托气氛，增加住宅气势。影壁可位于大门内，也可位于大门外，前者称为内影壁，后者称外影壁。

■ 邹平范仲淹苦读之所

千古祭庙
历代帝王庙与名臣庙

■ 范公亭

簪花 汉族妇女头饰的一种，用作首饰戴在妇人头上，增加了一种生机勃勃、生动活泼的生命气息。除了鲜花以外，有绢花、罗花、绫花、缎花、绸花、珠花等。这一习俗在我国已有两三千年的历史。古时喜庆之日，朝廷百官巾帽上也都簪花。

尚情操，于是就地取材，捞取范泉池中的扎草一把为笔，在范公祠内的墙壁上写下四个大字"山高水长"，其语意是对范公高风亮节的赞扬。

范仲淹曾在颂扬东汉著名隐士严子陵，他曾经这样写道："云山苍苍，江水泱泱，先生之风，山高水长。"在这个地方又以范公之言，咏诗赋景，赞扬范公"先天下之忧而忧，后天下之乐而乐"的高风亮节，是相当妥帖的。

当时，长山镇的有识之士将其复制在影壁之上永久纪念，影壁中"山高水长"四个大字左侧的题跋，是大书法家张中发的弟弟张志发所撰。影壁落成已经有400多年了，但是依旧保护完好。

范公亭始建于明代，原亭坐落于范泉池以南，由于年久失修，早已颓废。后人整修范公祠时，将范公亭迁建于范泉以北。范公亭重檐八角，曲栏回廊，丹窗朱户，造型精巧，颇宜体憩。

敬一堂是明代建筑物，后来被改为陶琉展厅。山东博山的陶瓷生产，历史悠久，开始于隋唐，兴盛于宋金，属磁州窑系。世所珍重的绞胎，粉杠瓷代表了宋金时期北方民窑的最高工艺水平。

博山的三彩青釉印花，黑白釉刻花，雨点釉和茶叶末釉的烧制相当精美，产品以日用生活器皿为主。明代洪武初年，博山即为宫廷生产琉璃贡品，清代康熙年间，内务府就从博山招募琉璃工匠进京服役，专门为达官贵人制作饰品。

当时博山生产的琉璃产品主要有：簪花、帽结、珠环等，有白、绿、蓝、水晶等花色，后来又有了新的发展。目前，博山美术琉璃厂生产的各种琉璃制品更是独具特色。

以山东画派闻名的内画工艺品闻名于天下，名贵色料鸡油黄、鸡肝石等雕琢类工艺品更可谓独一无二，琳琅璀璨的琉璃精品远销世界各地，成为我国工艺美术产品中的奇葩。而范公祠保存的画作，为世人展示了范仲淹的一生。

在范公祠堂内，设有大型范仲淹故事壁画，这幅大型壁画，是根

■范文正公祠

■ 范仲淹蜡像

据范仲淹的主要生平经历创作而成的，它用12幅故事画，概括地展现了范仲淹的一生。

第一幅上部的画面为《出生徐州》，描绘的是范仲淹出生在徐州，即当时的"武宁军"。范仲淹2岁时父亲病逝，他便随母亲改嫁，来到了长山县的朱氏家中。少年时期的范仲淹是在一种十分艰苦的境遇中度过的。

下部的画面为《荆山攻读》，是表现他在博山的荆山寺刻苦攻读的情景。

第二幅《泉边晨诵》，是表现范仲淹在范泉边勤奋学习的情节。当时范仲淹日常生活也非常艰苦，经常吃不上饭，他就以喝粥充饥。一位官员的儿子和他是同学，非常同情他，便把他学习勤奋、生活艰苦的情况告诉了父亲。父亲便叫儿子把官府为自己准备的饭菜送一份给他，他婉言谢绝了，并说："我吃粥惯了，一吃好吃的，就要以吃粥为苦了"。就这样他在应天府书院寒窗苦读了五年。

第三幅是《进士及第》。经过五年"人所不堪""自刻益苦"的生活，范仲淹于1015年考中了进士，这年他26岁。他做官后，清正廉洁，办事公正，深得百姓的拥护和爱戴。

第四幅是《慨然自荐》，描述范仲淹考中进士做官后，一直在低职位上徘徊，没有对国家重大问题的参决权，意志得不到发挥，才能得不到展示，他就在1022年也就是34岁时，向当时的枢密副使张知白毛遂自荐，以图大展宏图，实现自己的强国、富民之梦。于是，范仲淹受命到泰州西溪盐仓带领广大灾民治理海堤。

第五幅是《数次上书》和《几度遭贬》，描绘了范仲淹大胆直言，抨击时弊，几度遭贬的情景。1027年，范仲淹升任秘阁校理，出于以天下为己任的责任感，曾几次大胆直言批评章献太后垂帘听政带来的弊端，因此而被贬为通判。

章献太后去世后，范仲淹又被召入京，任左司谏，但不到一年，又因批评宋仁宗皇帝废除皇后，被贬知睦州。后来晋升为国子监，但又因批评宰相吕夷简用人不当，再次被贬知饶州，可以说是三起三落。

第六幅和第七幅，画面上部所展现的是岳阳楼

秘阁 古代官名。北宋于988年在崇文院中堂建阁，称秘阁，收藏三馆书籍真本及宫廷古画墨迹等，有直秘阁、秘阁校理等官。宋神宗"元丰改制"时，对职官制度进行了一次重要改革，将秘阁并归于秘书省。

名臣祭祀

名臣庙

■山东范公亭公园

■范仲淹画像

和范仲淹的名篇《岳阳楼记》的全文。下部的画面《万民敬仰》和《苏州治水》是表现范仲淹以百姓疾苦为己任，带领百姓在苏州治理水患的情节。

　　范仲淹被贬到地方为官，仍以百姓的饥苦为己任，想百姓之所想，急百姓之所急，百姓的事就是自己的事，为百姓办了许多好事。在苏州为治理水患时，他带领百姓挖渠、筑堤、引导太湖水入海，并治理了其他的江河、湖泊，消除了水患，受到了百姓的敬仰和爱戴。

　　第八幅描绘的是在1040年，宋王朝与西夏关系日趋紧张，因战事需要，范仲淹被调任为陕西经略使，协助军事长官韩琦，负责北部地区的军事防务。他亲自到边关延州视察，看到的是不容乐观的景象，便向朝廷提出要求，将自己调往边关延州，亲临战场指挥作战。朝廷批准了他的请求。

　　范仲淹到了延州之后，首先抓了边军整训，在精兵的同时，严整军纪，并对边关城塞进行了修复和重建，使边关局势有了很大改观。

　　第九幅《严戒边城，使之持久可守》，这幅画面表现了范仲淹对敌战略的正确。为了坚守边关，他加紧安排修筑城塞，1042年他亲自指挥修建了马铺城，切断了西夏与少数民族的往来，使西夏官兵处于孤立无援的地位，不敢轻举妄动。

　　由于范仲淹守边有功，朝廷又将他提升为观察使。为了确保边关万无一失，他曾三次辞让观察使，受到了宋兵和边关的尊敬和爱戴。

第十幅是《应召赴阙》和《天章阁献计》。1043年，范仲淹55岁，由于他在边关抵御外来侵略立下了汗马之功，朝廷又将他提升为参知政事。这次升迁，为范仲淹实现自己青年时代改革朝政、富民强国的理想创造了一个良好的条件。

1043年9月，宋仁宗在天章阁召见了范仲淹。天章阁是真宗皇帝所建，属于内禁重地，从来没有在此召见过朝臣，此次召见范仲淹，足见仁宗皇帝对他的重视和对他寄予的厚望。范仲淹提出了著名的《答手诏条陈十事》的改革方案。

第十一幅是《庆历新政》，这幅画面是表现范仲淹与改革家们大展宏图，改革朝政的情节。范仲淹在《答手诏条陈十事》中，与韩琦合议提出了"明黜陟，抑侥幸，精贡举"等十项改革内容。这些内容抓住了宋真宗和宋仁宗两朝政治积弊的要害。"庆历新

■范仲淹书法

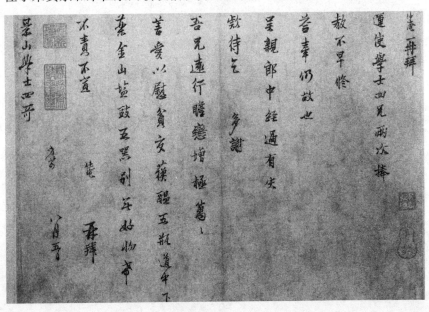

政"方案颁布实施后，首先改革的是官制，后来全面展开。

第十二幅是《朋党之灾》和《著书教子》。轰轰烈烈的"庆历新政"进行了不到一年的时间，由于改革触动了保守派官僚的自身利益，加之这次改革准备不足，也带来了某些负面影响，在奸臣和宦官的勾结下，很快就以失败而告终，范仲淹因此而被罢免参知政事。

范仲淹被贬之后，先后又在邠州、邓州、青州等地做过地方官。在这期间，他仍然为官清廉，尽职尽责，千古名篇《岳阳楼记》就是在这一时期写成的。

其中写道的"先天下之忧而忧，后天下之乐而乐"，可谓震古烁今，被世代的人们广泛传诵，成为激励后人的经典之句。

1051年，63岁的范仲淹已是老病一身，他向朝廷请求到颍州任职，借以休养，朝廷批准了他的请求。

1052年，范仲淹带病上路，但身体每况愈下，不得不中途在徐州诊治。同年夏天，因病与世长辞，终年64岁。

范仲淹64年前在徐州出生，64年后又在同一地方与世长辞，用自己坦荡的一生，将生命的起点和终点连在了一起，画成了一个蕴含丰富的句号。

阅读链接

范仲淹在睢阳一座庙里读书时，有一天宋真宗路过那里，听到这个消息后，全校师生大为轰动，都认为普通老百姓能亲睹"天颜"这是千载难逢的好机会，所以蜂拥上前围观，只有范仲淹一人留下来继续读书，人家问他这么难得的机会，你为啥不去看看，范仲淹回答说："将来再见他也不迟。"

正是由于范仲淹的这种勤学好读，所以他才具有真才实学，成了国家的栋梁。